W0309281

MATERIAL COMPLEMENTARIO

Tablas

Aprender español haciendo teatro

Edinumen

© Editorial Edinumen
© Jan Peter Nauta

ISBN-13: 978-84-9848-040-5
Depósito Legal: M-2085-2008
Edición: Sonia Eusebio
Diseño de cubierta: Carlos Casado
Maquetación: Ana M.ª Gil
Imprime: Gráficas Glodami. Coslada (Madrid)

Editorial Edinumen
José Celestino Mutis, 4. 28028 Madrid
Teléfono: 91 308 51 42
Fax: 91 319 93 09
edinumen@edinumen.es
www.edinumen.es

Índice

Capítulo 1

Introducción: aprender español haciendo teatro

El arte es la mentira que nos permite comprender la verdad.
(Pablo Picasso)

En los teatros clásicos, el escenario estaba construido con tablas de madera. Por eso, la palabra *tablas* significa también *escenario, teatro*. Y eso es lo que te ofrece este libro: teatro en español. Para que tú, estudiante de español, puedas *pisar las tablas*, es decir, *actuar*. Y para que, haciendo teatro, puedas aprender español.

¿Nunca has actuado en un teatro? ¿Crees que te da miedo actuar delante de tus compañeros o delante de un público? ¿Crees que no sabes nada del teatro? ¿Te sientes inseguro cuando tienes que hablar en público en otro idioma? No te preocupes: todo se aprende. Y con este libro vas a aprender de teatro y vas a aprender español.

Pero no se trata sólo de actuar. Igual que en el cine y en la televisión, para que los actores puedan actuar, se necesita un proceso de preparación en el que intervienen muchas personas: el director, el escenógrafo... y otros más. Todos trabajan juntos para hacer un producto artístico: la representación de una obra de teatro.

1.1. Estructura de este libro

En los párrafos 1.2. y 1.3. de este primer capítulo, te explicamos dos asuntos muy importantes: la forma de trabajar con *Tablas* y el uso de la lengua española. En el apartado 1.4., que va destinado a tu profesor, le damos algunas sugerencias para que encuentre las mejores maneras de apoyarte en tu aprendizaje del español.

En el capítulo 2, titulado *La troupe*, vas a leer qué hacen las personas que participan en una obra de teatro: el *personal artístico* (los actores y actrices, el director) y el *personal técnico* (el regidor, el apuntador, el escenógrafo y su equipo de técnicos). Sin embargo, no sólo vas a leer las descripciones de sus funciones, también realizarás algunos ejercicios que te ayudarán a reflexionar y hablar con tus compañeros de clase sobre tus cualidades personales y artísticas. El objetivo final del capítulo 2 es que tengas una idea básica de algunos aspectos importantes del teatro, de tus propias cualidades para el teatro y del tipo de trabajo que te gustaría hacer.

A continuación, en el capítulo 3, *La selección de la obra y el casting*, encontrarás dos temas: en primer lugar, te ofrecemos unos procedimientos para seleccionar una obra de teatro entre las seis que te ofrece *Tablas*. Basándote en criterios de contenido, de lenguaje y de técnica teatral, serás capaz de determinar con cuál de las obras quieres trabajar.

Después te ofrecemos unos mecanismos para hacer *el casting*, es decir, seleccionar a las personas que van a trabajar en la preparación y representación.

En otras palabras, al final del capítulo 3, tus compañeros y tú estaréis preparados para empezar el montaje de una obra.

En el capítulo 4, *El montaje de la obra*, te ofrecemos la ayuda que necesitas para montar la obra de teatro. Ese trabajo se divide en varias fases, que van desde el trabajo con el texto, pasando por los ensayos, hasta llegar a la representación ante un público.

Finalmente, en el capítulo 5, encontrarás una serie de ejercicios que te ayudarán a mejorar dos aspectos importantes: el uso de la voz y del cuerpo. Estos ejercicios van destinados a todos los miembros de la *troupe* y se realizan, preferentemente, al comienzo de cada sesión de trabajo, para ayudaros a concentraros.

Después de estos capítulos, se encuentran las seis obras de teatro de *Tablas*.

1.2. Cómo trabajar con *Tablas*

El hecho de que estés leyendo este libro, significa que ya tienes un buen nivel de español. Tu experiencia como estudiante te habrá mostrado que, hablando en general, los mejores resultados se consiguen mediante un aprendizaje activo. En otras palabras, aprendes más y mejor si te involucras en las actividades, si tomas iniciativas, si interactúas con tus compañeros de clase, si te haces responsable de lo que quieres aprender y de la forma de hacerlo.

Pues bien, en *Tablas* tienes otra oportunidad de trabajar de esta manera. Al principio de cada capítulo, te indicamos cómo: normalmente, es una mezcla de trabajo individual y debates en grupo. Pero recuerda que el que va a aprender español haciendo teatro, eres tú: si encuentras otras y mejores maneras de estudiar los capítulos, coméntaselo a tus compañeros y al profesor. Y una vez que empecéis a montar una de las obras de teatro, será muy importante que cada uno contribuya al proceso con sus propias cualidades. Montar una obra de teatro es una empresa exigente, que necesita el trabajo de todos, pero también es una actividad generosa: si se hace bien, genera una gran satisfacción.

¿Y el profesor? ¿El profesor no va a hacer nada? Tranquilo: aunque vosotros, los estudiantes, vais a ser los principales responsables del montaje de la obra de teatro, el profesor tiene otra tarea muy importante, la que realiza mejor que nadie: os va a apoyar en todo lo que se refiere a la lengua: escuchará cómo os expresáis, os corregirá cuando haga falta pero, preferiblemente, os sugerirá otras y mas ricas maneras de expresión, un vocabulario más variado, unas estructuras más eficaces, unas perífrasis más adecuadas, etc., para mejorar la comunicación. Será vuestro diccionario y vuestra gramática. Y además de esto, el profesor os podrá ayudar a perfeccionar vuestro papel en las obras, mejorando vuestra dicción, pronunciación, entonación y comunicación no verbal.

1.3. El uso de la lengua española

Después de leer el último párrafo del apartado 1.2., comprenderás que el profesor sólo os podrá ayudar a aprender español haciendo teatro si el español se utiliza como *lengua de comunicación* en la clase y en los ensayos.

Por esa razón, os proponemos, como primer e importante paso en este proceso de aprendizaje, firmar un acuerdo en el que vosotros, estudiantes, y el profesor os comprometéis a utilizar únicamente el español como lengua vehicular. Os animamos a que copiéis el siguiente modelo, añadiendo, si hace falta, alguna disposición más, lo firméis y os pongáis a trabajar con el capítulo 2.

¡Os deseamos mucha suerte!

Teatro Tablas

1. El objetivo de *Tablas* es *aprender español haciendo teatro*. Por lo tanto, los participantes se comprometen a hablar en español en todo momento y en cualquier actividad relacionada con *Tablas*. Asimismo, considerarán el proyecto de teatro como una oportunidad para aprender español.

2. Los participantes prometen consultar al profesor cada vez que necesiten asesoría lingüística.

3. El profesor promete asesorar y ayudar a los participantes en todo momento, ofreciéndoles los medios para que puedan mejorar su dominio del español.

4. Los participantes se comprometen a realizar sus tareas de la mejor manera posible y a asistir a las reuniones y los ensayos. No se podrá faltar sin permiso previo.

5. Los participantes considerarán la *disciplina* como una consecuencia lógica de este acuerdo general y de las decisiones concretas que se tomen democráticamente.

6. ...

1.4. Sugerencias para el profesor

Los apartados anteriores iban también dirigidos a usted, profesor. Por lo tanto, ya tendrá una idea bastante clara de lo que pretende *Tablas*. Sin embargo, queremos añadir algunas observaciones.

Dos son las razones fundamentales por las que ofrecemos este libro: porque creemos que hacer teatro es, para el alumno, una actividad enriquecedora tanto lingüística como personalmente, y porque estamos convencidos de que la gran mayoría de los alumnos es perfectamente capaz de llevar a cabo esta tarea con una gran dosis de autonomía y responsabilidad. Cuanto mayor sea la implicación personal de los alumnos, cuanto mayor su responsabilidad en el resultado final, tanto más eficaz será el aprendizaje. Esto significa que usted se podrá centrar básicamente, como habrá quedado claro también en los apartados anteriores, en su tarea como *facilitador del proceso* y como *asesor lingüístico*.

1.4.1. Facilitar el proceso de aprendizaje

Esta parte de su trabajo es, sobre todo, de carácter organizativo. Los estudiantes necesitan un *espacio* y *tiempo* para poder trabajar.

En la mayoría de los casos, el espacio será el aula, pero si el centro dispone de un salón de actos o cualquier otro espacio más o menos amplio donde los estudiantes puedan realizar los ensayos y los ejercicios de cuerpo y voz, esto sería preferible.

No es fácil calcular el tiempo necesario para montar una de las obras de *Tablas*, ya que todo depende del nivel de los alumnos, del número de participantes, de las circunstancias concretas del centro de enseñanza, etc. De todas formas, recuerde (y recuérdeles a los alumnos si hace falta) que no se trata de pasar corriendo por la fase de ensayos para llegar cuanto antes a la representación: el aprendizaje se produce durante el proceso.

Finalmente, en cuanto a la facilitación del proceso, es importante que ceda cada vez más la iniciativa a los alumnos. Es cómodo (tanto para el profesor como para el alumno) decir: "para el próximo día, leer el capítulo 3", pero intente que sean los alumnos los que vayan fijando el ritmo de trabajo. Aplique un truco fácil: en lugar de tomar las decisiones usted solo, pida que dos alumnos (*autopropuestos*, elegidos por votación, al azar o como sea) le acompañen en ese proceso y que se tomen decisiones colegiadas. Una vez puesto en marcha el proceso, en poco tiempo las decisiones se tomarán solas.

1.4.2. Asesoría lingüística

Usted podrá ayudar a los estudiantes a mejorar su español. Esta mediación tiene los siguientes tres aspectos:

— Durante el análisis del texto dramático, usted tendrá que responder a preguntas de los estudiantes sobre elementos lingüísticos y culturales que les resulten complicados. Ya que usted conoce el nivel de sus alumnos, no le resultará difícil saber cuáles pueden ser sus problemas, relacionarlos con los materiales ya vistos en otros cursos, etc.

— Una vez resueltas las dudas con respecto al significado y la forma del texto, usted podrá jugar un papel importante con los parlamentos de los estudiantes. Este es el momento en el que podrá ayudarles a mejorar su dicción, pronunciación, entonación, y comunicación no verbal. Si usted no es hablante nativo del español y tiene dudas con respecto a la corrección de su propia pronunciación y entonación o si no sabe si éstas serían el modelo más adecuado para sus estudiantes, no dude en recurrir a hablantes nativos. En la mayoría de los casos, será posible encontrar a alguien que esté dispuesto a grabar una serie de ´parlamentos´ en casete o a trabajar con estudiantes deseosos de mejorar su español.

— Usted podrá contribuir a que los estudiantes se desenvuelvan cada vez mejor en sus relaciones de miembros del grupo de teatro, aportando nuevas formas de expresión y corrigiendo maneras ineficaces de comunicación y mostrándoles otras formas mejores. Esto quiere decir que usted se moverá entre los estudiantes cuando éstos estén trabajando, sugiriendo maneras más ricas de expresión, un vocabulario más variado, etc.

Queremos insistir en el principio mencionado en el apartado 1.3.: para que la tarea que se propone en este libro tenga éxito, es decir, para que los alumnos aprendan a desenvolverse mejor en español, es imprescindible que la *lengua de comunicación* en el aula (es decir, en el local de ensayo y sobre las tablas) sea el español.

Ahora bien, es sabido que, sobre todo en situaciones en las que se trabaja con grupos monolingües, y aún más si se trabaja en el país de los estudiantes y no en un país hispanohablante, a los aprendices les cuesta hablar en español entre ellos; por eso es importante, como primera condición, que el profesor también lo haga, empezando desde el principio del curso, utilizando todos los medios a su disposición para hacerse entender y ofreciendo recursos con los que los estudiantes puedan seguir su discurso. Desde luego, en niveles más avanzados, como los que se necesitan para llevar a cabo las actividades de este libro, esto es más factible; pero hay que habituar a los estudiantes a que hablen en español también en ausencia del profesor, como va a ser el caso en una parte de las actividades propuestas en este libro. A este fin, hemos incluido el acuerdo del apartado 1.3. La segunda condición es empezar todas las sesiones, preferentemente, con algunos de los ejercicios que ofrecemos en el capítulo 5; de esta forma, a los alumnos les resultará más fácil pasar al uso exclusivo del español.

Finalmente, le animamos a que comparta sus experiencias y las de sus alumnos con el autor y la editorial, enviando sus comentarios y (¡ojalá!) sus grabaciones de ensayos o representaciones a:

edinumen@edinumen.es

Le deseamos mucha suerte, o como dicen los actores antes de subir al escenario: *¡mucha mierda!*

Capítulo 2

La troupe

En el mundo del teatro, la palabra *troupe*, obviamente de origen francés, se usa para designar una compañía ambulante de actores. La palabra se usa también, informalmente, para indicar una pandilla de amigos o, más en general, un grupo de personas que forman un conjunto por hacer algo juntos.

Pues bien, ambos significados de la palabra *troupe* se aplican aquí. Vosotros, además de ser estudiantes de español, vais a formar una *troupe* que se va a dedicar a representar juntos algunas obras de teatro.

En este capítulo vais a hacer dos cosas:

1. Estudiar información básica sobre las distintas funciones dentro de la troupe.
2. Reflexionar y hablar sobre vuestras cualidades personales con respecto a las diferentes funciones.

Al final del capítulo, deberíais ser capaces de formular qué funciones queréis desempeñar en la preparación y representación de las obras de teatro.

Os recomendamos la siguiente forma de trabajo:

1. Primero, formáis grupos de tres o cuatro personas.
2. Cada miembro del grupo lee, individualmente, el apartado 2.1., y completa los ejercicios.
3. Os reunís en grupo y trabajáis según estas indicaciones:
   - Comprobar la comprensión del texto; consultar vuestras dudas con el profesor.
   - Comparar los resultados de los ejercicios de cada uno.

4. Después, hacéis lo mismo con los apartados 2.2., 2.3., 2.4. y 2.5.
5. Finalmente, juntos trabajáis los ejercicios 2.6. y 2.7., en los que podréis mostrar qué cualidades tenéis para el teatro.

2.1. Los actores

Todo el mundo sabe qué hace un actor: *actuar*. Pero, ¿qué es exactamente *actuar*? La siguiente es una de las definiciones más usadas en el mundo del teatro:

El actor interpreta el personaje, siguiendo las indicaciones de la puesta en escena con palabras, entonaciones, manejo escénico y movimientos que da el director y que él traslada a su interpretación artística.

Reformulando esta definición, podríamos decir que el actor *da vida a un personaje* según las características del montaje de la obra y que lo hace con su *voz* ("palabras y entonaciones", o sea, el texto y la forma de decirlo) y con su *cuerpo* ("manejo escénico y movimientos", es decir, la manera de usar el cuerpo en el escenario), todo esto siguiendo la visión del director.

En capítulos posteriores, se trabajarán estos tres aspectos: la interpretación, la voz y el cuerpo. Pero, de momento, nos limitaremos a dos actividades personales con las que podrás hablar un poco sobre tu experiencia y tus cualidades para el teatro.

2.1.1. Para empezar, reflexiona sobre algunos aspectos relacionados con el trabajo de los actores, completando las siguientes frases. Escribe la información en tu cuaderno.

1.	Mi experiencia personal en el escenario (como actor o de otra manera) es la siguiente: ...
2.	Esta es mi experiencia con el teatro como espectador: ...
3.	Algunos de mis actores favoritos son ....
4.	Lo que me gusta de la manera de actuar de mis actores favoritos es lo siguiente: ...
5.	Yo creo que lo más difícil de ser actor es ...
6.	Me parece que lo más atractivo de actuar es ...
7.	La cualidad personal que más me va a ayudar a hacer teatro es ...
8.	Mis rasgos físicos me hacen especialmente apto para actuar en roles ...
9.	Tengo otras cualidades para el teatro, como, por ejemplo, ...

2.1.2. Ahora, vamos a acercarnos de otra manera al trabajo de actor, una manera todavía más personal.

Hace algún tiempo, una cadena de televisión española necesitaba jóvenes actores para una serie de televisión. Así describieron a las personas que necesitaban:

> **¿Te gusta hablar, eres rápido, no te asustan los retos, te gustan los escenarios, te sabes mover, tienes gracia, eres simpático, te encanta actuar, tienes un don para la imitación, captas a la primera, sabes hablar, cantar, bailar, interpretar, improvisar, convencer, hacer llorar, hacer reír...?**

¿Los candidatos tenían que saber hacer todo eso? Sí, todo eso. Para ver cuántas de estas cualidades tienes tú, puedes marcar este esquema. En los casos en los que has contestado sí, deberás poder dar algún ejemplo. En los casos de *no*, tendrás que explicar por qué no. Los casos de *quizás* son también muy interesantes: ¿qué crees que tendrás que hacer para descubrir si lo sabes hacer?

		Sí	No	Quizás
1.	Me gusta hablar.			
2.	Soy rápido/a.			
3.	No me asustan los retos.			
4.	Me gustan los escenarios.			
5.	Me sé mover.			
6.	Tengo gracia.			
7.	Soy simpático/a.			
8.	Me encanta actuar.			
9.	Tengo un don para la imitación.			
10.	Capto a la primera.			
11.	Sé hablar.			
12.	Sé cantar.			
13.	Sé bailar.			
14.	Sé interpretar.			
15.	Sé improvisar.			
16.	Sé convencer.			
17.	Sé hacer llorar.			
18.	Sé hacer reír.			

Cuando te reúnas con tus compañeros de grupo, comenta con ellos lo que habéis escrito en el ejercicio 2.1.1. Estos ejemplos os pueden ayudar:

—Bueno, pues, os puedo decir que tengo un poco de experiencia en el teatro porque...

—A mí lo que me gustaría contaros es que adoro a [...], el actor que trabaja en [...], lo que me encanta es cómo...

—Pues, yo creo que tengo dos cualidades que me ayudarán en el teatro: en primer lugar, tengo buena memoria y además...

Después, comparad vuestras respuestas del ejercicio 2.1.2., como en este ejemplo:

—Yo no sé si me sé mover muy bien, creo que sí. ¿Y vosotros?

—Pues, yo creo que sí puedo, es que he hecho mucho ballet...

—Eso se nota, pero creo que también es cuestión de...

2.2. El director

El director, llamado a veces también *director de escena, director escénico* o *director artístico*, es la persona responsable de todo el proceso de *preparación* y de la *representación* de la obra. Esto quiere decir que tiene que realizar las siguientes actividades:

- *Leer y estudiar la obra y decidir cómo quiere montarla.*
- *Elegir a los actores.*
- *Elegir al personal técnico.*
- *Decidir (en colaboración con el personal técnico) sobre aspectos concretos del montaje, como la escenografía, el vestuario, el maquillaje, el sonido y la luz.*
- *Dirigir los ensayos.*

En el capítulo 4, cuando hablemos de los pasos a seguir en el montaje de una obra, veremos los detalles del trabajo del director, sobre todo en los ensayos. Lo que está claro, en este momento, es que la tarea de director es exigente: hay que conocer bien la obra, hay que tener visión, hay que saber dirigir un equipo...

2.2.1. Veamos qué cualidades debe tener un director. En un anuncio de trabajo para un director de escena, se les hacía la siguiente pregunta a los candidatos:

> **¿Tienes capacidad de análisis, capacidad de comprensión, buen manejo de relaciones personales, expresión verbal, iniciativa, capacidad de síntesis y capacidad organizativa?**

En el siguiente esquema, puedes leer algunos ejemplos de lo que algunos directores han dicho con respecto a estas destrezas. Pero, ¡atención! los ejemplos de la columna derecha no están en el orden adecuado. Busca las combinaciones correctas y anótalas en la columna izquierda del segundo recuadro; escribe en la columna derecha por qué crees que esa es la relación correcta.

Destreza		Ejemplos de lo que dicen los directores	
1.	Capacidad de análisis.	A.	*Básicamente, yo trabajo con palabras en el tiempo y en el espacio; las palabras que ha escrito el dramaturgo, pero también las mías, cuando lo coordino y dirijo todo.*
2.	Capacidad de comprensión.	B.	*Cuando leo una obra por primera vez, apunto todos los datos sobre los personajes: su manera de ser, su forma de hablar, sus relaciones con los demás personajes...*
3.	Buen manejo de relaciones personales.	C.	*Cuando trabajas con mucha gente, bajo una gran presión porque siempre faltan dinero y tiempo, debes saber cómo planificar y coordinar todo el proceso.*
4.	Expresión verbal.	D.	*Cuando un actor me pregunta cuál es exactamente el tema de una obra o la psicología de un personaje, yo tengo que ser capaz de aclarárselo en tres frases.*
5.	Iniciativa.	E.	*En algunos momentos, puede haber tensiones entre los actores, o entre el escenógrafo y el regidor, o entre algún actor y yo; en casos así, necesito tacto, paciencia, tranquilidad...*
6.	Capacidad de síntesis.	F.	*En mi trabajo, es importante inventar cosas nuevas, idear un concepto novedoso de una obra, proponer algo original a la compañía...*
7.	Capacidad organizativa.	G.	*¿Problemas? Claro que hay problemas; pero también hay muchos desafíos. Y, lo más importante, hay mucha creatividad entre los que trabajan conmigo. Mi tarea es, sobre todo, hacer que esa creatividad pueda aflorar.*

Destreza + Ejemplo	Ejemplo correspondiente + Explicación o comentario
1+...	
2+...	
3+...	
4+...	
5+...	
6+...	
7+...	

2.2.2. Ahora que ya sabes a qué se refieren estas cualidades, marca en el siguiente recuadro la cifra que crees que te corresponde según esta escala:

1: *No, no tengo esta cualidad.*
2: *No, aunque a veces creo que sí; no estoy seguro.*
3: *Creo que sí, pero no en todo momento.*
4: *Sí, tengo esta cualidad.*

		1	2	3	4
1.	Tengo capacidad de análisis.				
2.	Tengo capacidad de comprensión.				
3.	Tengo un buen manejo de las relaciones personales.				
4.	Verbalmente, me expreso bien.				
5.	Suelo mostrar iniciativa.				
6.	Tengo capacidad de síntesis.				
7.	Tengo capacidad organizativa.				

Ahora, suma tus puntos. El mínimo son 7, el máximo 28.

Cuando te reúnas con tus compañeros, compara vuestras respuestas del ejercicio 2.2.1. ¿Estáis de acuerdo en todo?

A continuación, comparad vuestra puntuación del ejercicio 2.2.2. Según este criterio, ¿cuál de vosotros sería el mejor director? Los compañeros con 21 puntos o más serían, en teoría, buenos directores artísticos. Pero claro, nunca es tarde para aprender...

Por otro lado, no os fijéis sólo en la puntuación, sino también en la puntuación de cada destreza, más o menos así:

> –Yo tengo 17 puntos y eso no está mal, pero en capacidad organizativa tengo sólo 1.
>
> – Yo me he dado 4 puntos allí, ¡en serio!, pero en lo de análisis y síntesis...

2.3. El regidor

¿Eres una persona que le gusta hacer de todo? ¿Te gusta trabajar bajo presión? Entonces, es posible que seas el candidato ideal para el trabajo de *regidor*. El regidor es la persona responsable de todo lo que pasa en el escenario. Es, al mismo tiempo, el secretario del director y la persona de contacto entre él y todos los demás. Es lo que se llama un *factótum*: una persona que se encarga de todo.

En términos generales, las tareas del regidor son las siguientes:

- *Organizar los ensayos y mantener el contacto entre los actores y el director.*
- *Gestionar la marcha en escena y tras escena durante los ensayos y las representaciones.*
- *Organizar la confección, el funcionamiento, el mantenimiento y el transporte de decorados, utilería (los objetos en el escenario), vestuario, equipos de sonido y luz, etc.*
- *Hacer todo lo que le diga el director o le pidan los actores.*

Ya ves, el trabajo de regidor no es para cualquiera. Si puedes marcar con un sí rotundo las siguientes afirmaciones, podrías ser un buen candidato.

		Sí	**No**
1.	Siempre me llevo bien con todo el mundo.		
2.	Trabajo preferentemente bajo gran presión.		
3.	Nunca olvido nada.		
4.	Nunca me canso.		
5.	Soy más puntual que el reloj de la catedral.		
6.	Me encanta el estrés.		
7.	Tengo siempre la solución adecuada para cualquier problema.		

Ahora bien, para evitar que contestes a la ligera, si has contestado tres o más ves sí, deberás poner ejemplos concretos de las afirmaciones correspondientes:

Afirmación n.°	**Ejemplo**

En vuestra reunión de grupo, podréis comparar vuestras respuestas, como en este ejemplo:

—Yo he contestado seis veces "sí", ¿os parece mucho?

—No sé, depende. A ver, ¿tú dónde respondiste "no"? Yo dije "no" en lo de trabajar bajo presión. Eso me resulta siempre difícil.

—¡Qué curiosos! Yo creía que sí...

2.4. El apuntador

Como te podrás imaginar, una de las cosas más desagradables para un actor es olvidar su texto o *quedarse en blanco* (no acordándose de nada y quedándose callado) sobre el escenario. Por eso, suele haber alguien que ayude a los actores. Esa persona es el *apuntador*.

Su trabajo durante la función requiere seguir el texto en el libreto pero, al mismo tiempo, fijarse en los actores para poder decirles, si es necesario, las primeras palabras de su *parlamento* (la parte del texto que tiene que decir el actor en ese momento). En el teatro se aplica una regla sencilla: cuando un actor necesita la ayuda del apuntador, dice: "línea". Es importante seguir esta regla para evitar que el apuntador intervenga mientras el actor simplemente está observando una pausa dramática.

El apuntador, además de trabajar durante los ensayos y la representación de la obra, puede ayudar a los actores a memorizar su rol individualmente; así también podrá saber en qué parte del texto están los problemas para los actores.

En otras palabras: si tu español es bueno, pero no quieres o no puedes actuar sobre el escenario, ¡aquí tienes un trabajo de gran responsabilidad!

Para saber si puedes ser un buen apuntador, vamos a realizar un pequeño ejercicio de sinceridad. ¿Cuántas de las siguientes cinco frases puedes decir en voz alta sin que se te caiga la cara de vergüenza?

Mi español hablado es mejor que el de la gran mayoría de mis compañeros.

Cuando oigo hablar español a uno de mis compañeros de clase, distingo perfectamente cuáles son sus errores.

Tengo una paciencia ilimitada para enseñarles su papel a mis compañeros.

Soy capaz de escuchar y leer los parlamentos de una obra de teatro y, al mismo tiempo, apuntar los problemas que tienen los actores con la pronunciación y la entonación.

Soy infinitamente altruista: si los actores no me necesitan durante la representación, eso significa que he hecho bien mi trabajo. Yo no necesito salir a escena para recibir aplausos.

¿Más de tres? ¿Y no se te cayó la cara de vergüenza? En ese caso, aún te falta convencer a tus compañeros de grupo. Si lo consigues, deberás preguntar también a tu profesor si está de acuerdo. ¿Sí? Entonces, es posible que tengas razón y que vayas a ser un perfecto apuntador...

2.5. El escenógrafo y su equipo

Para empezar, recuerda algo importante: el espectador que va al teatro no ha leído la obra. Para comprenderla, depende de lo que oye y de lo que ve. Lo que el espectador oye, es la responsabilidad de los actores. Lo que ve, es la responsabilidad del *escenógrafo*: la persona que se ocupa del diseño y creación del *marco escénico*. Con esta expresión nos referimos al hecho de que una obra de teatro se desarrolla en un *espacio* y un *tiempo*: lo que vemos en el escenario, de alguna u otra manera nos indica *dónde* y *cuándo* se desarrolla la obra.

Concretamente, el marco escénico consiste en unos materiales (los *decorados* y el *vestuario*) y en efectos de *sonido* y *luz*, de acuerdo con las indicaciones del autor de la obra y del director.

2.5.1. En el siguiente recuadro, se enumeran algunas de las (muchas y variadas) asignaturas que tienen que estudiar los estudiantes de escenografía en las escuelas de arte dramático. Lee las descripciones y apunta en el recuadro por qué crees que un escenógrafo tiene que estudiar estas asignaturas.

Asignatura	¿Por qué sería necesaria?
Estudio de las teorías y leyes de la percepción visual.	
Estudio de las leyes del espacio aplicadas a una determinada representación teatral, planteando las diversas posibilidades de organización y utilización del espacio visual.	
Conocimiento teórico práctico de los conceptos, técnicas y procesos de construcción escenográfica.	
Dibujo de línea y mancha. Dibujo del natural. El color. Técnicas y aplicaciones.	
Estudio de las distintas soluciones y recursos, en relación con la indumentaria, que permiten la creación de un personaje dramático.	

Ahora bien, el escenógrafo no puede hacer este trabajo él solo. En su equipo hay personas que se especializan en determinados campos. Son *el/la vestuarista, el/la* maquillador(a) y *el/la técnico(a) de luz* y *sonido.*

2.5.2. El/la vestuarista

El vestuarista es responsable de que el actor pueda llevar el vestuario que necesita su personaje, dentro del contexto de la obra. Un aspecto a tener en cuenta es que el público verá a los actores a cierta distancia; por eso, más que detalles, lo que importa en la ropa del actor es el contorno, la silueta que ofrece el actor, así como los colores dentro del conjunto del marco escénico. Los colores de la ropa deben expresar adecuadamente el ambiente de la obra y combinar con los decorados.

¿Por qué no leéis un momento la descripción de la carrera de vestuarista que se ofrece en una universidad argentina? Recuerda que se está hablando de una carrera universitaria para ser profesional en este campo.

El vestuario se ha convertido en una actividad profesional de creciente importancia y reconocimiento en el mundo del espectáculo actual. El vestuarista colabora con actores, actrices y otros profesionales en la creación de los personajes que cada obra necesita. El vestuarista se expresa con imágenes, colores, telas, accesorios, formas y diseños puestos al servicio de una creación escénica, está capacitado para desempeñarse en teatros, programas de televisión, comedias musicales, productoras cinematográficas y agencias de publicidad. El vestuarista es un creador que a través del diseño profesionaliza sus producciones. Al profesionalizarse el vestuario ingresa al campo del Diseño, la formación como diseñador le permite al vestuarista dominar una metodología para crear, organizar y producir en forma sistemática la poética requerida por la obra y el director.

Ahora, escribe aquí qué talentos tienes (o, quizás, qué talentos te faltan) para trabajar de vestuarista en alguna de las obras de *Tablas*.

....
....
....
....
....
....
....
....
....

2.5.3. El/la maquillador(a)

La distancia entre público y actor no sólo juega un papel en el vestuario. El público necesita ver la expresión de la cara del actor. Por eso, no se trata de maquillar a los actores como si fueran a participar en un concurso de belleza, sino de que se distingan bien sus rasgos.

Otro aspecto del maquillaje es la caracterización: las técnicas que deben aplicarse a la transformación corporal del actor; por ejemplo, para que un actor de 25 años parezca tener 50, habrá que marcar un poco las arrugas de la cara y del cuello. Siempre sin exagerar, por supuesto, ya que este tiene otros medios para aparentar más edad: su manera de caminar, sentarse, moverse, hablar, etc.

Ahora, contesta a estas preguntas:

¿Alguna vez has maquillado a otra persona?
¿Qué harías para dar un aspecto mediterráneo a una persona nórdica?
¿Qué harías para dar un aspecto demacrado a un actor rebosante de salud?

2.5.4. El/la técnico(a) de sonido e iluminación

En el teatro no profesional es difícil disponer de los equipos técnicos que usan los profesionales del mundo del espectáculo. Mucho depende también del lugar donde vaya a tener lugar la representación. ¿Sobre un escenario de verdad? ¿En el aula de español? De todas maneras, en cuanto a la iluminación, hay dos objetivos principales.

En primer lugar, es importante la visibilidad, o sea, hay que *iluminar el escenario*, para que el público vea bien a los actores. En segundo lugar, hay que *crear la atmósfera* necesaria para la obra o para una escena en particular. Se puede experimentar con luz natural y con varias lámparas. No olvides que si el centro de enseñanza dispone de un retroproyector, lo podrás usar poniendo láminas de colores para crear determinados ambientes o, incluso, para proyectar parte del decorado.

Los efectos de sonido no son difíciles de realizar; con un equipo de sonido normal (grabadora, altavoces) se pueden hacer maravillas. También existen programas de ordenador gratuitos para grabar sonidos. Recuerda que es importante preparar minuciosamente las grabaciones que se vayan a usar. Y lo que es esencial: hay que apuntar en el libreto cuándo se tienen que escuchar los efectos de sonido. El timbre de la puerta tiene que sonar *antes* de que alguien abra la puerta...

Ahora, completa una de las dos siguientes frases:

– *Me gustaría ser técnico de luz y sonido, porque...*
– *No quiero ser técnico de luz y sonido, porque...*

2.6. Tus cualidades teatrales

Ahora que ya dispones de la información esencial sobre lo que deben saber y hacer los miembros del personal artístico y técnico, sería bueno que volvieras a reflexionar un momento sobre tus cualidades personales.

2.6.1. Completa estas frases y escríbelas en tu cuaderno.

1.	Para ser un buen actor, tengo las siguientes cualidades y destrezas: ...
2.	Para ser un buen actor, debería aprender (a) ...
3.	Creo que me gustaría tener un rol grande/pequeño, porque ...
4.	(No) estoy interesado en representar un monólogo, porque ...
5.	Para ser un buen director, tengo las siguientes cualidades: ...
6.	Me gustaría dirigir una obra porque creo que sé...
7.	(No) me gustaría trabajar de regidor porque...
8.	Mis cualidades para ser apuntador son: ...
9.	Tengo las siguientes destrezas y conocimientos para ser escenógrafo: ...
10.	(No) me gustaría ser vestuarista, porque...
11.	(No) me veo como maquillador(a), ya que...
12.	(No) tengo los conocimientos técnicos que se necesitan para ser técnico de luz y sonido, así que...

2.6.2. Ordena las siguientes funciones según tu preferencia: actor/actriz, director(a), regidor(a), apuntador(a), escenógrafo/a, vestuarista, maquillador(a), técnico(a) de luz y sonido.

1. (Función más preferida)	
2.	
3.	
4.	
5.	
6.	
7.	
1. (Función menos preferida)	

En tu reunión con los compañeros de grupo, intercambia la información que habéis anotado en el ejercicio 2.6.1. ¿Cuáles son las cosas más sorprendentes?

Luego, compara las listas de preferencia, aproximadamente como en este ejemplo:

—¿Tú prefieres ser regidor? Yo pensaba que querías ser director, tienes todas las cualidades para serlo.

—Bueno, sí, es verdad, pero ahora que lo he pensado un poco mejor, es un trabajo con demasiada responsabilidad para mí...

—A mí me parece que serías un buen director, pero bueno, cada uno debe hacer lo que más le guste, ¿no? Yo, por ejemplo, ...

2.7. Tu ficha personal

Para terminar, un ejercicio individual.

Los artistas suelen utilizar una *ficha personal* para presentarse a castings o compañías de espectáculos. En esta ficha, puedes poner tus datos personales, tus estudios, tu experiencia, tus puntos fuertes... y una buena foto. Esta ficha puede ser el principio de tu *portafolio*, una carpeta donde podrás poner las cosas que vayas haciendo, con fotos de tus actuaciones. Para tu foto, ten en cuenta los siguientes consejos (sobre todo, si quieres ser actor o actriz):

> —Para que se te vea bien, es recomendable llevar ropa oscura, como azul oscuro, verde oscuro, gris oscuro o negro y evitar la ropa blanca o la ropa de motivos (rombos, cuadros, rayas, etc.).
>
> —Se puede llevar ropa casual, pero siempre sin logos de marca o de otras empresas.
>
> —La cabeza tiene que estar descubierta (no llevar gorro, sombrero, etc.).

Cuando hayas hecho tu ficha, enséñasela a tus compañeros.

Ahora ya estás preparado para pasar a la siguiente fase: la selección de la obra y el reparto.

Capítulo 3
La selección de la obra y el casting

Antes de poneros a trabajar con el montaje de una obra, tendréis que hacer dos cosas: 1. Elegir una obra de teatro y 2. Hacer un casting para formar el equipo de trabajo.

En este capítulo, os proponemos procedimientos para llevar a cabo estas dos tareas.

1. Selección de la obra

Es posible que, por motivos de tiempo o por cualquier otro, no queráis montar más de una obra de teatro. En ese caso, será suficiente leer las descripciones que os ofrecemos en los apartados 3.1. al 3.6. y seleccionar la obra que más le convenga al grupo, por el número de actores requeridos, la adecuación o el grado de dificultad del lenguaje al nivel del grupo.

En caso de que tengáis la oportunidad de montar más de una obra, lo lógico sería que fijéis el orden en que queréis leerlas y montarlas. Para ello, os proponemos el siguiente procedimiento.

En los apartados 3.1. al 3.6., se describen cuatro aspectos importantes de cada una de las obras:

1. *un breve resumen del contenido y el estilo de la obra;*
2. *el número de personajes y algunas particularidades de ellos;*
3. *algunas observaciones sobre el tipo de lenguaje que se utiliza en la obra y su grado de dificultad;*
4. *una breve descripción de las características del montaje.*

Primero leéis, individualmente o en pequeños grupos, cada descripción, y echáis un primer vistazo al texto de las obras. Después, completáis el recuadro que se encuentra al final de cada apartado, anotando vuestras expectativas y preguntas. Al completar cada recuadro, sale una puntuación de entre 4 y 16 puntos. Cuatro puntos significa: una obra muy fácil en todos los aspectos, 16 puntos significa: muy difícil en todos los aspectos. No olvidéis que sólo son predicciones que habrá que comprobar durante la lectura.
Después de que cada uno haya puntuado individualmente, el procedimiento es el siguiente:

a) Os reunís entre tres o cuatro compañeros e intercambiáis información sobre las puntuaciones individuales, más o menos así:

   —Yo, a [...], le he dado 14 puntos porque me parece bastante complicado; sólo el montaje creo que no es muy difícil.

   —Yo estoy de acuerdo contigo, pero le he dado 12 puntos, es que con tantos personajes parece complicado, pero no creo que lo sea.

   – Para nuestro grupo podría ser la obra ideal, me parece a mí. Le he dado 10 puntos en total.

b) Después del intercambio de información, el grupo decide, de común acuerdo, qué obra le gustaría leer y montar. Todos los grupos de la clase se reúnen y exponen sus preferencias. En este momento, también podéis consultar al profesor (que conoce las obras y os podrá aconsejar). Se toma una decisión con la que la mayor parte de los estudiantes esté de acuerdo.

c) Una vez tomada la decisión, se empieza la lectura. Esta primera lectura puede ser individual o colectiva, en casa o en clase. Lo mejor es leer primero toda la obra de un tirón, con un objetivo triple:
   - obtener una impresión general de la obra;
   - comprobar las predicciones en cuanto al grado de dificultad;
   - formarse una idea del trabajo que le gustaría hacer a cada uno.

Este último punto es importante para el siguiente paso: *el casting*.

2. El casting: formar el equipo de trabajo

Después de la selección de la obra, comienza el proceso del *casting*: la selección del director, de los actores y de los demás participantes. En el apartado 3.7., os hacemos unas sugerencias sobre la organización de este proceso. Podéis leer el apartado en pequeños grupos y proponer a la clase la forma que más o guste.

3.1. «Tercero derecha»

3.1.1. Resumen

Esta obra, de estilo realista, está basada en un hecho que ocurrió en Madrid: una persona poco escrupulosa había alquilado el mismo apartamento a seis o siete personas distintas. Al final, algunas de las víctimas de la estafa acabaron viviendo juntas en el apartamento.

En *Tercero derecha*, el problema se origina cuando tres personas, todas creyendo tener derecho al apartamento, se encuentran en la escalera, sin poder entrar en el apartamento. Luego, resulta que además ya hay alguien viviendo en el apartamento: cuatro personas para un solo apartamento. No todos reaccionan de la misma manera ante esta situación. La intervención de la vecina del tercero izquierda lleva, finalmente, a una solución donde la solidaridad vencerá, al menos provisionalmente, al egoísmo.

3.1.2. Los personajes

En esta obra, intervienen cinco personajes:

- *Alicia Villegas*: un mujer de entre 25-35 años;
- *Samuel*: un hombre de entre 20 y 30 años;
- *Ricardo Carballo*: un hombre de unos 40 años;
- *Amalia Torres*: vecina 3.° izda, una mujer de entre 40 y 50 años;
- *Vecina 3.° dcha*: una mujer de entre 25-30 años.

Ninguno de los papeles ofrece una dificultad especial.

3.1.3. El lenguaje

Esta obra tiene un carácter realista, es decir, presenta una situación que se podría dar en la realidad; al fin y al cabo, está basada en un hecho real. Este realismo se nota también en el lenguaje de los personajes. Son conversaciones en un lenguaje coloquial, cotidiano.

3.1.4. El montaje

Toda la acción transcurre en un rellano, es decir, el pasillo entre la escalera que sube del segundo al tercer piso y la escalera que va del tercero al cuarto. Hay dos puertas, tercero derecha y tercero izquierda. Naturalmente, la escenografía no podrá incluir la confección de dos escaleras, será suficiente sugerirlas fuera del escenario. Tampoco hace falta que las puertas sean puertas reales de madera. El trabajo del escenógrafo consistirá, sobre todo, en sugerir un espacio determinado. Lo importante será que los actores detrás de las puertas no sean visibles para el público.

Tercero derecha				
Marca la cifra correspondiente a tus expectativas con respecto a esta obra de teatro.				
El contenido parece ser:	Muy fácil 1	Fácil 2	Un poco difícil 3	Muy difícil 4
Las exigencias a los actores parecen ser:	Muy pocas 1	Pocas 2	Bastantes 3	Muchas 4
El lenguaje parece:	Muy fácil 1	Fácil 2	Un poco difícil 3	Muy difícil 4
El montaje de esta obra parece:	Muy fácil 1	Fácil 2	Un poco difícil 3	Muy difícil 4
Ahora, suma el total de puntos:				
¿Tenéis preguntas o dudas? Escríbelas aquí:				

3.2. «El suspiro del moro»

3.2.1. Resumen

Este resumen empieza con cuatro preguntas a las que no podrás contestar todavía:

- ¿Es posible que un drama humano se convierta en una competición deportiva?
- ¿Es posible que una marca de café patrocine la inmigración ilegal?
- ¿Es posible que un funcionario público anuncie helados?
- ¿Es posible que una persona muerta hace unos quinientos años, esté viva?

Sospecharás que todo sea posible (para algo sirven las preguntas retóricas). Cuando hayas leído la obra, verás que efectivamente, es posible.

Como punto de partida tenemos una situación dolorosa que, desde hace varios años, se repite sobre todo durante el verano en el Atlántico y el Mediterráneo: miles de africanos, huyendo de la pobreza, intentan llegar en pequeños barcos (llamados *cayucos* o *pateras*) a las costas españolas. Aunque algunos mueren en el intento, otros muchos llegan a las costas, pero generalmente son detenidos y devueltos a sus países.

Ahora bien, es sabido que las sociedades occidentales tienen una capacidad ilimitada para convertir un drama en un espectáculo comercial. Y eso es lo que ocurre en *El suspiro del moro*: la inmigración ilegal se ha convertido en deporte, en un espectáculo. Los inmigrantes son recibidos como héroes deportivos por unos personajes extraños, patrocinados por una marca de café. Después de la recepción de los inmigrantes, aparece un personaje histórico, Boabdil. Para saber quién era y para entender bien el título de la obra, busca en tu libro de Historia de España, en una enciclopedia, en Internet o pregunta al profesor, aunque hay una pista en el texto.

Evidentemente, no estamos ante una obra realista. Es un espectáculo donde lo cómico es también triste, donde lo imposible es posible, pero eso, en el teatro, es normal.

3.2.2. Los personajes

Hay nada menos que 17 personajes en esta obra. En muchos de los papeles, indicamos que los pueden interpretar tanto un hombre o una mujer. De esta forma, hay más flexibilidad en el reparto. Al cambiar de género, es posible que haya que adaptar algunas palabras del papel.

- *Guía turístico*; lleva una camiseta con la palabra *guía*; papel femenino o masculino.
- *Locutora*; papel femenino o masculino.
- *Camarero*; papel masculino o femenino.
- *Juan Antonio, reportero* (*voz en off*, es decir, el personaje se oye pero no se ve); papel masculino o femenino.
- *Cuatro turistas*; papeles femeninos y/o masculinos.
- *Cuatro emigrantes*; papeles masculinos.
- *Periodista – payaso*; es un solo actor que llevará una gabardina y un sombrero como periodista, pareciéndose más a un gángster que a un periodista. Al quitarse esta ropa, aparecerá vestido como payaso. Papel masculino o femenino.
- *Gobernador.*
- *Asistente del gobernador;* rol masculino o femenino.
- *Boabdil.*
- *Fátima, madre de Boabdil.*

3.2.3. El lenguaje

En el lenguaje de *El suspiro del moro*, lo que llama la atención es la variedad de maneras de expresión. Hay fragmentos muy coloquiales, otros de lenguaje radiofónico, hay discursos, hay citas de otras personas, incluso hay un personaje que en menos de dos minutos pasa de utilizar el lenguaje de los discursos a usar la lengua de publicidad, la lengua de los contratos y expresiones llenas de paternalismo y palabrotas. Es decir, hay personajes que, más que el producto de la psicología, lo son del lenguaje: *no hablan como son*, sino que *son como hablan*.

3.2.4. El montaje

El escenario de esta obra es simbólico: representa la playa de una isla, sospechosamente parecida a una playa de las Islas Canarias. A la derecha, se supone que están el océano y África; a la izquierda, el interior de la isla. En el centro del escenario hay una bandera de la Unión Europea. En una tarima o algo parecido, al menos en una posición un poco elevada, como para poder ver mejor lo que pasa en el océano, se sentará la locutora con un micrófono. El desafío para el escenógrafo será procurar que los espectadores vean una isla con una playa, aunque no haya ni agua ni arena. Para el vestuarista, el reto es caracterizar a cada personaje, sin caer en el realismo.

El suspiro del moro				
Marca la cifra correspondiente a tus expectativas con respecto a esta obra de teatro.				
El contenido parece ser:	Muy fácil 1	Fácil 2	Un poco difícil 3	Muy difícil 4
Las exigencias a los actores parecen ser:	Muy pocas 1	Pocas 2	Bastantes 3	Muchas 4
El lenguaje parece:	Muy fácil 1	Fácil 2	Un poco difícil 3	Muy difícil 4
El montaje de esta obra parece:	Muy fácil 1	Fácil 2	Un poco difícil 3	Muy difícil 4
Ahora, suma el total de puntos:				
¿Tenéis preguntas o dudas? Escríbelas aquí:				

3.3. «Al borde»

3.3.1. Resumen

El subtítulo de esta obra es: *un poema dramático en colores*. Es decir que hay elementos poéticos, hay algo de drama y hay colores. La acción transcurre en el tejado de un rascacielos, donde tres personajes (no sabemos quiénes son, tampoco sabemos si lo saben ellos, ni siquiera sabemos si ellos se conocen), juegan con palabras y con una pelota. Casi parecen niños, pero ¿lo son? Luego, aparecen otros personajes que les amenazan. Después, sin relación aparente con la obra, aparece un vendedor de maní. Finalmente, aparecen dos personajes que parecen ser uno. En una palabra: misterio. En tres palabras: drama, poema, colores.

3.3.2. Los personajes

En esta obra, los personajes no tienen nombre, sólo tienen un color.

- *Mujer vestida de blanco.*
- *Mujer vestida de verde.*
- *Hombre vestido de azul.*
- *Hombre vestido de rojo.*
- *Dos ayudantes vestidos de rojo*; estos hombres hablan siempre al unísono, es decir, como si fueran una sola persona.
- *Vendedor de maní.*
- *Policía.*
- *Enfermero.*

El policía y el enfermero son dos papeles interpretados por el mismo actor.

3.3.3. El lenguaje

En *Al borde*, el lenguaje es un juego (un juego serio, pero un juego, al fin y al cabo). En otras palabras, será importante que los actores sepan expresar los distintos tonos que se usan; habrá que trabajar bastante durante los ensayos.

3.3.4. El montaje

El reto para la escenografía es simular un atardecer de verano, en el tejado de un rascacielos. Se verá, más bien simbólicamente, la torre de servicio de los ascensores, con una puerta que dice "Ascensor", otra que dice "Escalera", quizá

alguna chimenea. Al fondo, se simulará la silueta de una gran ciudad. También se verá, a los lados, el borde del tejado. En varios lugares, hay cubos de colores. Estos sirven para que los actores se puedan sentar en ellos o, en el caso de los hombres de rojo, se paren en ellos para así dominar la escena. Hay sábanas y toallas, colgadas, de varios colores. En varios momentos, se oirán sonidos de la gran ciudad: tráfico, ambulancias, quizás aviones que pasan...
En cuanto al vestuario, es importante tener en cuenta el juego de las formas y colores de las sábanas y toallas y la ropa de los actores.

Al borde				
Marca la cifra correspondiente a tus expectativas con respecto a esta obra de teatro.				
El contenido parece ser:	Muy fácil 1	Fácil 2	Un poco difícil 3	Muy difícil 4
Las exigencias a los actores parecen ser:	Muy pocas 1	Pocas 2	Bastantes 3	Muchas 4
El lenguaje parece:	Muy fácil 1	Fácil 2	Un poco difícil 3	Muy difícil 4
El montaje de esta obra parece:	Muy fácil 1	Fácil 2	Un poco difícil 3	Muy difícil 4
Ahora, suma el total de puntos:				
¿Tenéis preguntas o dudas? Escríbelas aquí:				

3.4. "La muerte de Mauro"

3.4.1. Resumen

Mauro está a punto de morir. Habla con otro personaje, que representa otro aspecto del mismo Mauro, y que está preparando su tumba. Pero hay más *Mauros*: su otro yo, representado por una mujer; el viajero, que habla con su ex mujer; el prisionero que habla con su abogada. Y también hay un médico con el veredicto. Entre todos, intentan conformar una imagen del Mauro completo, antes de que se muera.

3.4.2. Los personajes

Los actores que representan varios aspectos de Mauro, deberían ser aproximadamente de la misma edad.

- *Mauro, el enfermo.*
- *Mauro, el sepulturero.*
- *Mauro, su otro yo;* papel interpretado por una actriz, vestida de tenista.
- *Mauro, el viajero;* vestido de manera informal pero con chaqueta de frac.
- *Mauro, el prisionero.*
- *Helena,* ex mujer de Mauro.
- *El médico.*
- *La abogada.*

3.4.3. El lenguaje

Esta obra no tiene parlamentos muy largos, pero hay intercambios entre los personajes que deben decirse de forma muy rápida. Hay otros en los que, muchas veces, se sugiere más de lo que se dice.

3.4.4. El montaje

Se requiere bastante inventiva del escenógrafo para dejar claro a los espectadores que el enfermo, el sepulturero, el viajero, el prisionero y el otro yo, son aspectos del mismo personaje. Para aumentar la confusión, durante la representación, algunos actores cambiarán de papel.

Además, habrá que sugerir una cama, un vagón de metro, un cementerio, una celda. Al fondo habrá una cortina o un biombo detrás del cual pueden hacer mutis los actores. Helena se encuentra allí desde el principio y volverá allí después de su actuación.

Bien visible para el público habrá una pantalla de proyección (se puede utilizar también una pared o una pizarra blanca) donde se proyectarán algunos textos. Para ello, se podrá utilizar un ordenador con videoproyector porque permite (con un programa como PowerPoint) transiciones bonitas entre un texto y otro. Un poco menos sofisticado es utilizar un retroproyector con transparencias. Y si queréis hacerlo de forma muy sencilla, podríais utilizar grandes cartulinas de papel.

La muerte de Mauro				
Marca la cifra correspondiente a tus expectativas con respecto a esta obra de teatro.				
El contenido parece ser:	Muy fácil 1	Fácil 2	Un poco difícil 3	Muy difícil 4
Las exigencias a los actores parecen ser:	Muy pocas 1	Pocas 2	Bastantes 3	Muchas 4
El lenguaje parece:	Muy fácil 1	Fácil 2	Un poco difícil 3	Muy difícil 4
El montaje de esta obra parece:	Muy fácil 1	Fácil 2	Un poco difícil 3	Muy difícil 4
Ahora, suma el total de puntos:				
¿Tenéis preguntas o dudas? Escríbelas aquí:				

3.5. "Feliz cumpleaños"

3.5.1. Resumen

El hijo menor de la familia Santos cumple 18 años. Se espera la visita de Julia, su hermana mayor, que lleva años viviendo fuera de casa. Julia llega con un amigo, todo el mundo come, habla... hasta aquí, perfecto, nada especial. Sin embargo, hay otro personaje, el narrador, que hasta cierto punto dirige los acontecimientos. De esta forma, la obra, aparentemente realista, adquiere un matiz un poco distinto: algunos acontecimientos se repiten, pero con ligeras variantes.

3.5.2. Los personajes

- *Narrador;* puede tener cualquier edad, aunque preferentemente será un poco mayor.
- *Elvira;* madre de Julia y Fernando.
- *Joaquín Santos;* padre de Julia y Fernando.
- *Fernando;* hijo menor de Elvira y Joaquín (hoy cumple 18 años).
- *Daisy;* muchacha de servicio; unos 20 años.
- *Julia;* hija mayor de Elvira y Joaquín, tiene aspecto de ejecutiva (26 años).
- *Pablo;* amigo de Julia, tiene aspecto de joven burgués (unos 25 años).
- *David;* amigo de Julia, tiene aspecto de artista (unos 20 años).

3.5.3. El lenguaje

El lenguaje utilizado por los personajes es casi siempre el lenguaje corriente de todos los días. El narrador a veces habla con los personajes, les da órdenes, a veces se dirige directamente al público en un aparte. Un papel exigente para un buen actor.

3.5.4. El montaje

El escenario representa una casa normal y corriente, de familia de clase media conservadora. En el centro del escenario, una mesa de comedor con seis sillas. A un lado del escenario, hay dos sillones y un mesita con una foto de Julia de hace 10 años. En algún lugar, una pancarta con el texto: *¡Feliz cumpleaños!* Hay dos puertas: una da a la cocina (donde habrá, listo para servir, un postre) y la otra, a un pasillo donde se supone que están las demás habitaciones y la entrada a la casa.

Feliz cumpleaños				
Marca la cifra correspondiente a tus expectativas con respecto a esta obra de teatro.				
El contenido parece ser:	Muy fácil 1	Fácil 2	Un poco difícil 3	Muy difícil 4
Las exigencias a los actores parecen ser:	Muy pocas 1	Pocas 2	Bastantes 3	Muchas 4
El lenguaje parece:	Muy fácil 1	Fácil 2	Un poco difícil 3	Muy difícil 4
El montaje de esta obra parece:	Muy fácil 1	Fácil 2	Un poco difícil 3	Muy difícil 4
Ahora, suma el total de puntos:				
¿Tenéis preguntas o dudas? Escríbelas aquí:				

3.6. "Mermelada de fresa"

3.6.1. Resumen

Esta obra es una farsa, es decir, una obra de teatro cómica, con situaciones y personajes completamente extravagantes, alejados de cualquier realismo. Se desarrolla en un supermercado, donde se encuentran unos personajes que, en la vida real, sería muy difícil ver juntos: Romeo y Julieta, el padre de Julieta que resulta ser el Padrino, Súperman, un vecino traidor y cobarde de Julieta, unos clientes buscando mermelada... en fin, una colección extraña. Hay algunas complicaciones, mucha risa, mucha mermelada de fresa y... un final feliz.

Por cierto, no olvidéis que también una obra cómica exige un trabajo muy serio de los actores. Cuánto más serio el trabajo, más cómica saldrá la obra.

3.6.2. Los personajes

- *Romeo;* unos 25 años.
- *Julieta*; unos 25 años.
- *Clientes 1, 2 y 3* (dos roles femeninos y uno masculino, pero perfectamente adaptables a actores masculinos).
- *Flaminio Flautero Flechas;* vecino de Julieta, preferentemente gordo, con grandes bigotes.
- *Súperman*; edad indefinida.
- *Don Corleone;* unos 50 años, aspecto de mafioso clásico, padre de Julieta.
- *Dos guardaespaldas de Don Corleone,* con aspecto de matones.
- *Altavoz* (voz en off).

3.6.3. El lenguaje

Como toda la obra, también el lenguaje es exagerado: Romeo y Julieta hablan exageradamente enamorados, aunque Julieta nunca termina sus frases; el vecino Flaminio es un ejemplo exagerado de hipocresía; Súperman, contrario a lo que se podía pensar, es exageradamente informal, etc. Es decir, hay muchas posibilidades de hablar un español delirante.

3.6.4. El montaje

La obra se desarrolla en un supermercado. Naturalmente, no es posible ni necesario montar todo un supermercado en el escenario; al contrario, con algunos estantes y los productos que se mencionan en la obra, será más que suficiente. Lo que sí es importante es que haya algunos paquetes de papel higiénico y muchos frascos de mermelada de fresa y de mermelada de cereza. También hay una señal con una flecha que dice: "Cajas". El vestuario es de gran importancia; debe poder verse enseguida de qué tipo de personaje se trata.

Mermelada de fresa				
Marca la cifra correspondiente a tus expectativas con respecto a esta obra de teatro.				
El contenido parece ser:	Muy fácil 1	Fácil 2	Un poco difícil 3	Muy difícil 4
Las exigencias a los actores parecen ser:	Muy pocas 1	Pocas 2	Bastantes 3	Muchas 4
El lenguaje parece:	Muy fácil 1	Fácil 2	Un poco difícil 3	Muy difícil 4
El montaje de esta obra parece:	Muy fácil 1	Fácil 2	Un poco difícil 3	Muy difícil 4
Ahora, suma el total de puntos:				
¿Tenéis preguntas o dudas? Escríbelas aquí:				

Después de las puntuaciones individuales y las discusiones en grupo, apunta en el siguiente recuadro la puntuación que tu grupo ha dado a las obras:

Obra	*Puntos*
Tercero derecha	
El suspiro del moro	
Al borde	

Obra	*Puntos*
La muerte de Mauro	
Feliz cumpleaños	
Mermelada de fresa	

3.7. El casting: formar el equipo de trabajo

Ahora que sabéis qué obra(s) vais a representar, ya es posible distribuir las tareas. Ha llegado el momento del casting.

Aunque comúnmente se cree que el casting sólo es la selección de actores, en *Tablas* lo vamos a utilizar también para seleccionar al director y al escenógrafo con su equipo. Y empezamos con la selección del director, por una simple razón: el director, como persona con responsabilidad final, debe tener la oportunidad de formar su propio equipo.

3.7.1. El casting del director

Los candidatos a director se presentarán ante sus compañeros y tendrán que dar una breve presentación en la que den respuesta a estas dos preguntas:

1. *¿Qué cualidades profesionales y personales tiene el candidato?* Tendrán que explicar por qué motivos creen ser capaces de dirigir la obra (este tema se trabajó, como recordarás, en el capítulo 2). Para todas las personas que quieran participar en el montaje, es esencial saber cómo el candidato piensa relacionarse con ellos.
2. *¿Qué visión tiene el candidato de la obra que se va a representar?* Aunque, en este momento, no hace falta entrar en detalles, un futuro director debería poder explicar cuál es su visión personal de la obra y cómo querrá llevarla a la práctica.

Después de escuchar a todos los candidatos, entre todos se toma una decisión. La clase decidirá cómo quiere hacerlo; mediante votación secreta, levantando la mano, etc.

3.7.2. El casting del escenógrafo y su equipo

Aunque para estos puestos se pueden postular personas individuales, sería también lógico que se presentaran equipos, con una idea unitaria del trabajo que piensan hacer.

Los criterios de selección serían los siguientes:

- ¿Qué ideas exponen los candidatos o equipos con respecto a la escenografía?
- ¿Qué experiencia tienen en trabajos parecidos, hay ejemplos de lo que han hecho?

- ¿Qué presupuesto necesitarían para realizar el trabajo? Previsiblemente, los decorados (incluida la iluminación y el sonido) y el vestuario serán los mayores gastos del montaje y es importante que todos tengan una buena idea de lo que podrá costar la propuesta.

Se escucha a los candidatos y se debaten sus propuestas. A continuación, lo más lógico es que el director proponga su(s) candidato(s) a la clase, ya que tendrá que trabajar con él (ellos). Pero al final, sería la mayoría la que decida.

3.7.3. El casting de los actores

El casting de actores se puede realizar de varias maneras. Aquí sugerimos cuatro procedimientos que se pueden ir alternando en la preparación de las distintas obras de *Tablas*. Es lógico que, una vez que tengáis más experiencia y hayáis presentado varias obras, el casting adquiera otro carácter: no es lo mismo elegir a un actor desconocido que elegir a uno cuya trayectoria y cuyos méritos conocemos.

a) *Presentación individual sin preparación.*

El actor está en el escenario, solo, con el guión de la obra en la mano. En ese momento, todavía no sabe qué rol le tocará. El director le adjudica un papel, leyendo él mismo los otros parlamentos. Si el director quiere oír y ver a varios candidatos para uno o varios papeles, los actores van pasando uno por uno por el escenario. Al final del casting, el director adjudica los roles a los actores que le han parecido mejor y se lo comunica. Por supuesto, también les comunica a los demás por qué no han sido elegidos.

Si se dispone de cámara de vídeo, las audiciones se pueden grabar. Esto sirve a un doble propósito. En primer lugar, se les puede explicar a los candidatos no elegidos el porqué de esa decisión. En segundo lugar, las grabaciones son muy útiles para trabajar en una sesión de entrenamiento.

b) *Presentación individual preparada.*

Una segunda forma individual de casting, parecida a la anterior, es aquella en la que un miembro de la compañía se presenta como candidato a representar un determinado papel. Todos los candidatos para un determinado papel, hacen una lectura. Finalmente, el director elige entre los candidatos.

c) *Distintas combinaciones de actores.*

En esta variante de casting, el director empieza eligiendo un fragmento de la obra que se va a representar. Cada miembro de la compañía que quiera participar como actor o actriz elige uno de los papeles que figuran en este fragmento y lo prepara individualmente. Durante una sesión plenaria, se realizan sesiones de lectura en distintas combinaciones de actores. Sería muy aconsejable que estas sesiones se grabaran en vídeo o casete, para poderlas escuchar después. Luego, todos los presentes, incluidos los que han leído, podrán opinar sobre lo que han oído: ¿qué combinación de actores les ha gustado más?, ¿por qué?, ¿qué actor es el más apto para determinado rol, teniendo en cuenta la voz, las características físicas, etc.?

d) *Votación.*

Una forma muy democrática, con mucha participación de todos los participantes, es cuando, después del casting en alguna de sus formas, se hace una votación secreta con papeletas en las que se marcan los nombres de los actores preferidos.

3.7.4. ¿Qué hacer con grupos grandes?

¿Qué hacer si el grupo de estudiantes es grande, y el número de actores reducido? Hay una manera muy sencilla y útil para solucionar ese problema: la adjudicación de un papel a un grupo de tres personas: el actor elegido en el casting y dos ayudantes.

De estos ayudantes, uno será el *suplente* o *doble*. Un actor siempre se puede poner enfermo o puede haber algún otro problema que le impida seguir trabajando en la obra. En ese caso, el suplente le sustituirá.

Los ayudantes tienen otra tarea fundamental: preparar al actor. Esto incluye el estudio del personaje y la memorización de sus parlamentos. El grupo tomará decisiones sobre las características del personaje y su representación. Pero, además de tomar estas decisiones, las defenderá ante el director y los demás actores.

El trabajo de los ayudantes en la preparación del actor es muy importante ya que, generalmente, para una persona es difícil saber cómo habla; en ese caso, la ayuda de otra persona es muy útil. Y seguramente, en la fase de memorización del rol, el actor necesitará esa ayuda.

¿Cómo se forman estos grupos? Hay varias maneras posibles: el actor mismo podría elegir a sus ayudantes, ellos mismos se podrían presentar como ayudantes de determinado actor, explicando sus motivos y destrezas, el director y/o el productor podría seleccionarlos...; se haga como se haga la selección, lo importante es que los miembros del grupo se sientan cómodos y tengan ganas de trabajar juntos.

Ahora ya está todo listo. Hay una obra, hay personal artístico y técnico. Podéis empezar a trabajar. En el siguiente capítulo encontraréis la información necesaria para realizar el montaje de la obra.

Capítulo 4
El montaje de la obra

Habéis elegido una obra. Habéis seleccionado al director, al escenógrafo, éste ya tiene su equipo listo, hay actores con sus suplentes, un apuntador, un regidor... Es decir: todo está listo para empezar el montaje de la obra.
En este capítulo, os ofrecemos pistas prácticas para saber qué hacer en cada momento. Dividiremos el trabajo en cuatro fases:

- **4.1.** *Primera fase.* En este apartado veremos qué tendréis que hacer para llegar a *comprender y conocer el texto* de la obra y, a través del texto, a los personajes. Durante esta fase, todos los participantes se concentran, sobre todo, en lo que se va a *oír*: el texto, dicho por los actores.
- **4.2.** *Segunda fase.* En este apartado vais a encontrar una serie de indicaciones para *trabajar con el texto en movimiento.* Se empiezan a fijar los movimientos de los actores y la escenografía. En otras palabras: el texto no sólo se oye, también se empieza a *ver.*
- **4.3.** *Tercera fase.* A continuación, los actores y el apuntador encontrarán sugerencias para *aprenderse de memoria* el texto.
- **4.4.** *Cuarta fase.* Este apartado habla de la representación de la obra y su preparación: el *ensayo general* y el *pase técnico.*

En las sesiones de trabajo de las dos primeras fases, se trabajan también una serie de *ejercicios de cuerpo y voz,* con el objetivo de relajarse, preparar la voz y el cuerpo para el trabajo, estimular la creatividad y la concentración. Estos ejercicios están en el capítulo 5.

¿Cómo trabajar los apartados de este capítulo? Después de leer, individualmente, un apartado, se trabaja en grupo, o mejor dicho, en *troupe*, según las indicaciones en el recuadro al final.

4.1. Primera fase: el trabajo de mesa

En el lenguaje del teatro, la expresión *trabajo de mesa* se refiere al importante trabajo que el director, los actores y el personal técnico tienen que hacer antes de que los actores puedan subir al escenario. Este trabajo (que se realiza sentado a una mesa, de ahí el nombre) tiene que ver con el *conocimiento del texto* de la obra.

En estas sesiones, todos los participantes (no sólo los actores) se familiarizan con el texto de la obra, con el objetivo de adquirir:

- una perspectiva *general*: ¿de qué va la obra, cuál es su intención, su ambiente?
- una perspectiva *lingüística*: conocer perfectamente el significado del lenguaje usado en la obra: palabras, expresiones y frases.

Una vez que todos tengan claras estas dos perspectivas, empieza otro trabajo muy importante: *conocer y definir a los personajes, a través del texto.* Esto es imprescindible para todos los participantes:

- Como responsable final de la obra, el *director* debe saber cómo son los personajes que él va a mover por el escenario. Sus decisiones al respecto influyen directamente en el trabajo de todos los demás.
- Los *actores* deben saber a fondo cómo es su propio personaje para hacer una interpretación adecuada. Durante el trabajo de mesa, los actores buscarán la mejor manera de decir el texto: la pronunciación de las palabras, la entonación de las frases, la interacción entre los parlamentos de los distintos personajes, la velocidad y el volumen con la que hablan, las pausas... En esta fase es muy importante el trabajo del profesor, que al fin al cabo es el experto en lengua y que deberá ayudar a los actores a mejorar su expresión.
- El *escenógrafo* deberá hacer visible la interpretación del director y de los actores, en colaboración con los encargados del *vestuario*, el *maquillaje*, la *luz* y el *sonido*. Por eso, el equipo técnico toma nota de las respuestas que dan director y actores a las preguntas anteriores y de las *acotaciones* (las indicaciones entre paréntesis, donde el autor aclara detalles de la escenografía, como decorados o vestuario, explica detalles con respecto a efectos de luz y sonido, etc.), todo con el fin de saber exactamente que tendrán que hacer.

Estas son las principales preguntas a las que hay que buscar, entre todos, una respuesta:

1. ¿Cómo se llama el personaje? ¿Es importante el nombre? ¿Su nombre está relacionado, de alguna forma, con su personalidad?
2. ¿Cómo es el personaje físicamente: guapo, feo, alto, bajo, gordo, flaco...? Si en las acotaciones de la obra no hay información al respecto, trata de imaginártelo de diferentes maneras.
3. ¿Cómo camina? ¿Con pasos grandes o pequeños? ¿Lento o rápido? ¿Siempre se mueve igual o hay cambios, debidos a la situación?
4. ¿Cómo se sienta en una silla, en un sofá, en el suelo? ¿Cómo se relaciona su manera de sentarse o de moverse en general con su carácter?
5. ¿Cómo es su postura: erguida, inclinada...? ¿Cómo se relaciona la postura con el carácter?
6. ¿Qué tipo de ropa puede llevar este personaje (tipo de ropa, colores, modelos, estilos...)?
7. ¿Cómo se comporta el personaje? ¿Cuáles son sus características psicológicas?
8. ¿Cómo se podría definir el personaje: agradable, tranquilo, nervioso, alegre, serio, sensible, agresivo, violento, gruñón, dinámico... (hay más posibilidades y combinaciones...)?
9. ¿Cómo es su forma de mirar? ¿Le mira directamente a la gente?
10. ¿Tiene *tics* o gestos especiales? (Pero recuerda: los gestos típicos no pueden ser repetidos con demasiada frecuencia, porque perderían su eficacia, e incluso, pueden llegar a molestar).
11. ¿Cómo habla el personaje: lento, rápido, alto, bajo, claro, para sí? ¿Cómo se relaciona la forma de hablar con el carácter del personaje?
12. ¿Qué tipo de lenguaje utiliza el personaje? ¿Siempre el mismo o hay claras diferencias?
13. ¿Cómo se comporta y se mueve el personaje cuando no está hablando?
14. ¿Cuál puede ser el pasado de este personaje y de qué manera influye el pasado en su manera de ser y de actuar?
15. ¿Qué relaciones hay entre los personajes de la obra? ¿Ya se conocían antes? ¿Qué sentimientos existen entre ellos: simpatía, antipatía, amor, odio, indiferencia, neutralidad? ¿Comparten experiencias pasadas?

Estas discusiones podrían ser, por ejemplo, así:

– Yo creo que este personaje debería hablar de una forma bastante brusca, me parece que tiene un carácter un poco desagradable...

– Claro, eso se nota también en cómo se comporta con los demás.

– Pero, sin exagerar, ¿no? Además, al principio no parece ser la persona antipática que resulta ser al final.

Esta fase termina cuando:

1. el director crea que los actores conozcan su papel suficientemente para empezar a moverse por el escenario;
2. los actores comprendan perfectamente lo que están diciendo (aunque, obviamente, todavía les falte ensayar y memorizar);
3. el escenógrafo y su equipo tengan una idea clara de cuál va a ser su desafío y crean que pueden empezar a diseñar el marco escénico.

ACTIVIDADES DESPUÉS DE LA LECTURA DEL APARTADO 4.1.

1. La troupe se reúne con el profesor y comprueba si todos los participantes han comprendido el texto de este apartado. Se aclaran dificultades.
2. Cada participante se asegura de saber exactamente qué va a hacer, según su responsabilidad, durante el trabajo de mesa.
3. Se empieza la lectura en voz alta de la obra, primero para obtener la perspectiva general y lingüística. ¡Aprovechad los conocimientos del profesor!
4. Se trabaja en las preguntas sobre los personajes. ¡Las respuestas se deben anotar!
5. Se ensayan escenas de la obra, para mejorar la pronunciación, la dicción, la entonación... Se repiten cuantas veces sea necesario para que los actores (y suplentes) sepan decirlas adecuadamente.
6. El equipo técnico se reúne para discutir las primeras ideas sobre el montaje y las consulta con el director y los actores. ¡Todo debe ser anotado minuciosamente!

4.2. Segunda fase: los ensayos

En esta segunda fase, ya es hora de levantarse de la mesa y subir al escenario para poner el texto en movimiento. Después de las lecturas, en las que sólo se oía el texto, ahora los actores descubrirán otros aspectos de su personaje, moviéndose por la escena.

4.2.1. Diseño de la escenografía

Antes de que el director y los actores puedan empezar a moverse por el escenario, se debe decidir, a propuesta del escenógrafo, en qué tipo de escenario se va a trabajar. En el fondo, estas actividades son dos aspectos del mismo trabajo: para saber por dónde moverse, los actores deben saber cómo va ser el escenario; para saber cómo puede ser la escenografía, el escenógrafo debe saber cómo tendrán que moverse los actores.

El escenógrafo debe tener en cuenta que hay tres formas básicas de escenario:

Escenario frontal *(Plano 1).*

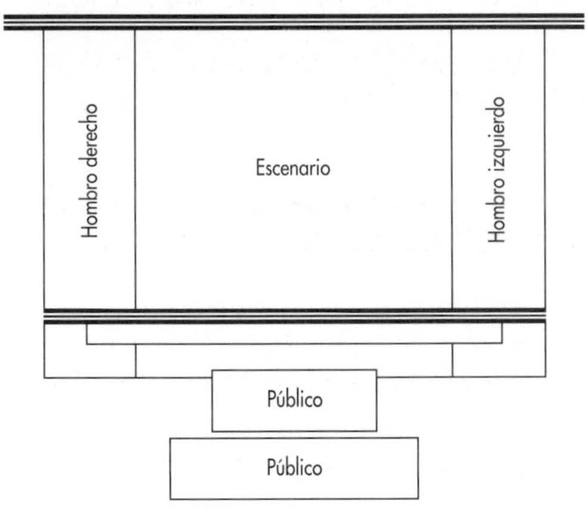

Plano 1: Escenario frontal

El *escenario frontal* es la forma más extendida en los teatros de la cultura occidental durante los últimos siglos. Los actores tienen que tener en cuenta, en primer lugar, su posición en el escenario con respecto al público (¡si el actor le da la espalda al público, se le ve mal y se oye peor lo que dice!). En segundo lugar, ten en cuenta que los decorados están dirigidos hacia el público y son planos, no tridimensionales.

Escenario semicircular *(Plano 2).*

En teatros con este escenario, el público está situado en tres de los cuatro costados del escenario. Los actores tienen que tener en cuenta su posición con respecto al público que se encuentra a tres lados del escenario.

Escenario circular *(Plano 3).*

Cada vez más, sobre todo en teatros pequeños donde se presentan obras modernas, se utilizan escenarios circulares. El público está sentado alrededor del escenario y los actores entran y salen por uno o varios de los pasillos entre las "tribunas". No puede haber decorados al estilo tradicional porque el 75% de los espectadores no podría ver la parte frontal. Si se usan muebles, plantas, etc., hay que cuidar que estos no tapen a los actores. Un escenario redondo puede ser muy interesante cuando se representan obras que no exijan una ambientación realista, con pocos actores y en lugares con buena acústica.

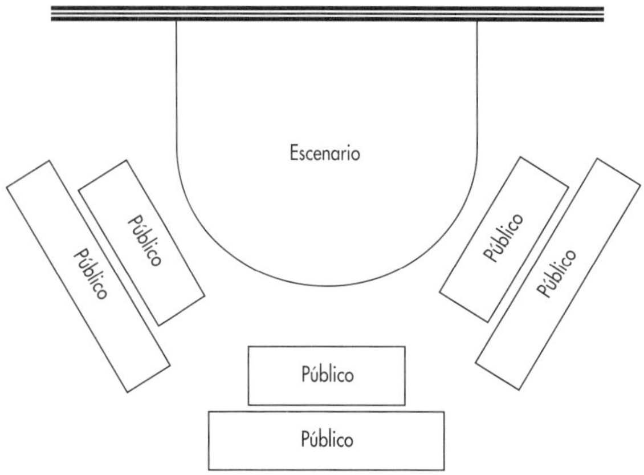

Plano 2: Escenario semicircular

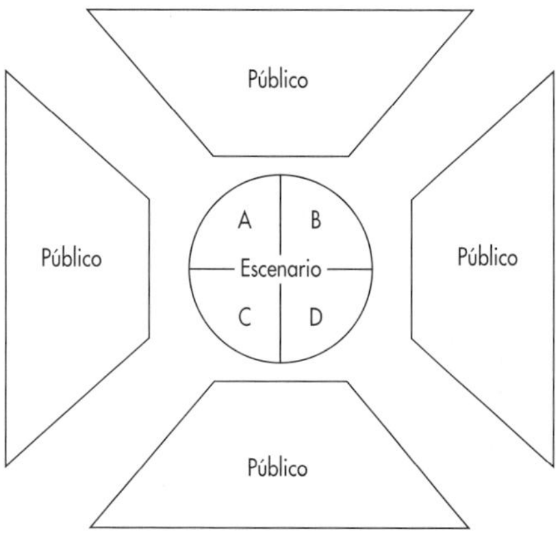

Plano 3: Escenario redondo

4.2.2. El blocking: los movimientos de los actores

En el teatro se utiliza el término inglés *blocking* para indicar la planificación de la ubicación y los movimientos en el escenario de los actores: cuándo y por dónde entran en la escena, dónde van a estar y cómo (de pie, sentados), mirando para dónde o a quién, a qué distancia de los demás, qué hacen cuando hablan y qué hacen cuando no hablan (¡también un actor que no está hablando, está actuando!), cuándo salen de la escena... Además, hay que pensar continuamente en la perspectiva del público: ¿cómo lo verán? Todos los participantes tomarán nota del *blocking*. Esto es especialmente importante para el regidor y el escenógrafo, ya que ellos son responsables de los decorados y la *utilería* (los objetos) en el escenario.

Para indicar el lugar donde están o a donde se dirigen los actores, se suele dividir el escenario en zonas, como en el siguiente plano. La *derecha* e *izquierda* se ven desde la perspectiva del actor, no del público.

Derecha arriba	Centro arriba	Izquierda arriba
Derecha	Centro	Izquierda
Derecha abajo	Centro abajo	Izquierda abajo

Público

De este forma, se puede anotar, por ejemplo, que un actor tiene que caminar de *izquierda arriba* a *centro abajo*. En un escenario circular, puesto que es difícil distinguir izquierda y derecha, arriba o abajo, se divide el escenario en, por ejemplo, cuatro zonas, indicados con cifras (1, 2, 3 y 4) o letras (A, B, C y D).

4.2.3. Cuanto más simple, mejor

Una observación final sobre la escenografía. *Tablas* es un libro para aficionados que quieren estudiar español haciendo teatro, no es un libro de teatro profesional. Esto significa que, en términos generales, el montaje de las obras tendrá que ser barato. En la mayoría de los casos no habrá dinero para decorados y vestuario costosos o complicados (además de los conocimientos técnicos requeridos). Por eso, recomendamos un concepto que los prácticos norteamericanos suelen llamar *hi concept - lo tech*, es decir, *rico en significado* y *sencillo en técnica*. Piensa en la cita de Picasso al principio de la introducción de este libro: el arte, también el teatro, es una mentira. Y las mentiras artísticas, si se hacen bien, tienen dos ventajas: pueden ser baratas y todo el mundo las cree. Por eso, el escenógrafo debe pensar en cómo hacer mentiras de la manera más barata. ¿Se necesitan puertas? Coge un cartón fuerte y píntala. ¿Se necesita un árbol? Coge cuatro listones de madera, cuelga de ellos un trozo de tela color crudo y pinta el árbol. ¿Se necesita una vista panorámica de una gran ciudad? Pinta el perfil de unos rascacielos en unas grandes hojas de papel y pégalas en la pared. Usa tu imaginación y... pon a trabajar la imaginación del público. Recuerda que un buen decorado muchas veces no *representa* el lugar, lo *sugiere*.

ACTIVIDADES DESPUÉS DE LA LECTURA DEL APARTADO 4.2.

1. La troupe se reúne con el profesor y comprueba si todos los participantes han comprendido el texto de este apartado. Se aclaran dificultades.
2. El escenógrafo propone un tipo de escenario para la obra, argumentando su elección. Se decide entre todos, mirando ventajas e inconvenientes.
3. En el escenario elegido, el director y los actores empiezan a diseñar el blocking. ¡Imprescindible anotar todos los movimientos en el guión!
4. El escenógrafo y su equipo empiezan a diseñar decorados, utilería, etc., de acuerdo con el escenario elegido. Recuerda que todos los días tienes la oportunidad de ver ejemplos de diseño de escenarios: también en televisión y en el cine se trabaja con estos conceptos, aunque con una diferencia importante: la presencia de las cámaras. Fíjate, cuando veas una película o una serie de televisión, en lo que te puede servir para el teatro. Apúntalo y coméntalo con tu equipo. O todavía mejor: consigue grabaciones de obras de teatro y visualízalas en compañía de algunos compañeros.

4.3. Tercera fase: la memorización del papel

Mientras el personal técnico está trabajando en el diseño del marco escénico y antes de entrar en la última fase de ensayos, los actores tienen la tarea de memorizar su papel. Esto se hace, desde luego, fuera de los ensayos.

No hay una fórmula única para memorizar un papel. Cada persona tiene su propia manera de hacerlo. Por ejemplo, una actriz de telenovelas (esas series interminables donde los actores tienen que aprenderse uno o dos capítulos nuevos cada día) dijo en una entrevista:

"Memorizar las líneas del guión puede durar desde un minuto, mientras memorizo las líneas, hasta media hora si me tranco con un solo parlamento. Trato de desglosarlos para ver por qué lo digo, qué siento con cada frase que estoy diciendo, la asocio con el personaje, con la situación."

Aquí hay una serie de consejos:

a) Marca tus parlamentos en el guión con un marcador de color. Marca los parlamentos de un color y los *pies*, de otro. Los *pies* son las últimas palabras de otro actor antes de tu parlamento. Estas palabras son una especie de aviso: "ahora yo".

b) Lee todos tus parlamentos en voz alta, varias veces. Asegúrate de comprender perfectamente lo que estás diciendo y por qué lo estás diciendo.

c) Lee todos tus parlamentos, desde el principio hasta el final, uno por uno. Aprende el primero de memoria, después el segundo, repite el primero y el segundo seguidos de memoria, después el primero, segundo y tercero, etc., sin mirar el texto.

d) Practica con un compañero (como tu doble) y con el apuntador. Ellos leerán el papel de otro(s) personaje(s) para que te vayas acostumbrando a reconocer los pies.

e) Practica con una grabadora. Lee o pide a un compañero que lea los parlamentos de los otros personajes, dejando silencio para tus parlamentos. Luego, escucha la cinta y completa con tus parlamentos.

f) Una buena prueba para ver si los actores conocen su papel, es el llamado *Italian Run (pase italiano,* no está muy claro por qué se llama así), un ensayo donde los actores dicen su papel de la forma más rápida posible, al doble de la velocidad normal, con apenas entonación. Si son capaces de hacerlo sin titubear, quiere decir que van dominando sus parlamentos. Además, este ensayo es bueno para dar velocidad a la obra y evitar que se represente demasiado lento.

ACTIVIDADES DESPUÉS DE LA LECTURA DEL APARTADO 4.3.

1. Se organiza una reunión de los actores, sus suplentes, el apuntador y el director para comentar las sugerencias de este apartado sobre la memorización. Al final, cada uno hace una lista con las técnicas que cree que le van ayudar más.

2. Después de tres o cuatro ensayos, los actores se vuelven a reunir para comentar qué técnicas les han ayudado más y cuáles menos.

3. El apuntador, como figura central en este proceso, debe anotar cuidadosamente cuáles son los problemas de los actores, para poder trabajar en ellos.
4. Y recuerda:
   - Uno nunca es demasiado viejo para aprender... Por eso, aprovecha las pausas o cualquier otro momento para hablar con tus compañeros-actores sobre su forma de memorizar los parlamentos y comentarles cómo lo haces tú.
   - Aprovecha momentos "perdidos" del día, fuera de clase o de los ensayos, para memorizar tus parlamentos: de camino a casa en el bus o en la bicicleta, lavando los platos, haciendo cola en el banco... en cualquier lugar o en cualquier momento.

4.4. Cuarta fase: hacia la representación

En la segunda fase (apartado 4.2.), todos trabajaban en diferentes aspectos: la actuación, la escenografía, la dirección... Pero ha llegado el momento de combinar todas estas cosas para ir preparando la representación.

4.4.1. Pase técnico

El *pase técnico* es un ensayo sin actores, con el objetivo de comprobar si la parte técnica del montaje está lista. Para ello, el director, el regidor y el personal técnico se reúnen y repasan sobre el escenario todos los momentos en los que ellos intervienen: cambios de luz, efectos de sonido, cambios de decorado, vestuario,... todo tiene que estar listo y, lo que es muy importante, todo tiene que estar listo en el momento justo. Imagínate la angustia de un actor cuando sabe que tiene que sonar el timbre de la puerta y... ¡no suena!

Para comprobar que no se olvida nada, durante todo el proceso deberán ir apuntando en su ejemplar del texto o en un cuaderno, todas las indicaciones al respecto.

4.4.2. El ensayo general

Una vez terminado el pase técnico, se organiza, algunos días antes del *estreno* (la primera representación en público), el *ensayo general*, para saber si todo está listo. Por eso, en el ensayo general se prueban también el maquillaje y el vestuario, la luz y el sonido, todo como si fuera la representación oficial. Es la última oportunidad para corregir algo.

Durante el ensayo general, el director, el regidor y el escenógrafo tomarán apuntes de eventuales fallos en la representación. Después del ensayo, toda la troupe se reúne y se comentan los puntos positivos y negativos.

4.4.3. El estreno

Finalmente, llegará el momento del estreno: la primera representación en público.

Si pensáis representar la obra ante un público, sería recomendable que algunos miembros de la troupe se ocuparan de la organización del estreno:

- las *invitaciones* (¿otros estudiantes de español, hispanohablantes de la localidad, familiares y amigos?);
- un *programa de mano* con los datos de la obra y el reparto (como en las portadas de las obras);
- *la publicidad*: algún cartel para colgar en el centro donde estudiáis;
- el *arreglo* de la sala: los asientos para el público;
- *foto y vídeo*: cuando termina la función, no queda nada, salvo el recuerdo: el teatro es un arte volátil. Procurad que alguien haga fotos o grabe la función en vídeo.

Ha llegado el momento de mostrar que sois capaces de hacer teatro en español. ¡Mucha suerte!

ACTIVIDADES DESPUÉS DE LA LECTURA DEL APARTADO 4.4.

1. El director fija una fecha provisional para el estreno. A partir de ese momento, se hace un calendario y horario para los ensayos con los actores, el pase técnico y el ensayo general. El regidor se encarga de que todos dispongan del calendario y que se comuniquen los cambios que pudiera haber.

2. El director y los actores, de acuerdo con el calendario, ensayan la obra de tal forma que esté lista, por lo menos, una semana antes del ensayo general.
3. El personal técnico va preparando la escenografía: los decorados y el vestuario se pueden ir probando durante o después de algunos ensayos, todo lo demás deberá estar listo una semana antes del pase técnico.
4. El regidor se encarga de la organización del ensayo general: fecha, hora, lugar. Uno o dos días antes del ensayo, habla con el director y el escenógrafo para asegurarse de que todo está listo.

Capítulo 5

Ejercicios de cuerpo y voz

Normalmente, las personas trabajan y aprenden mejor cuando están relajadas. Esto es especialmente importante en el teatro, donde tanto el cuerpo como la voz juegan un papel de primer orden: al fin y al cabo, son los instrumentos del actor. Por eso, cada sesión de trabajo, cada reunión, cada ensayo debería empezar con 5 ó 10 minutos de ejercicios de cuerpo y voz. Estos ejercicios cumplen varias funciones:

1. *Relajan y aflojan la tensión.*
2. *Ayudan a centrarse en el trabajo.*
3. *Preparan el cuerpo.*
4. *Preparan la voz.*
5. *Ponen en marcha la creatividad.*
6. *Ayudan a comunicarse con los demás.*

En la preparación del cuerpo, hay dos objetivos:

- *Conciencia del cuerpo.* Es necesario que nos hagamos conscientes de cada una de las partes del cuerpo. Mientras más conciencia tengamos de cada una de las partes de nuestro cuerpo, mayor control tendremos sobre el mismo.
- *Expresión de emociones.* Muchas veces, sin palabras y con una sola actitud corporal, podemos expresar la psicología del personaje: *el cuerpo también habla.*

Para la voz, necesitamos que sea:

- *Suficiente*; en su alcance y resistencia. Es decir, la voz tiene que llegar hasta donde el público nos quiere escuchar y también debe tener suficiente resistencia para que dure durante toda la representación con igual fuerza.
- *Clara*; el actor debe tener una buena dicción, es decir que se entienda claramente lo que dice.
- *Expresiva*; el significado de lo que se dice, no sólo proviene de las palabras, sino también (y en gran parte) de la emoción con la que las decimos.

Los ejercicios se deben realizar en un ambiente preferentemente abierto, sin muebles que estorben. Los participantes deben llevar ropa cómoda que nos les apriete ni moleste.

5.1. Ejercicio básico de relajación y concentración

Este ejercicio debería hacerse al comienzo de cada sesión de trabajo. Notaréis que, con el paso del tiempo, los resultados (relajación y concentración) mejorarán.

Alguien (el profesor, un estudiante) irá dando las indicaciones, dejando suficiente tiempo para que cada uno pueda trabajar a su ritmo.

1. Sacude la tensión de tus brazos y piernas. Lento. Suave.

2. Levanta los hombros. Lento. Ahora, bájalos.

3. Mueve los hombros hacia adelante y hacia atrás. (Varias veces).

4. Mueve la cabeza a ambos lados. Movimientos pequeños y lentos.

5. Baja el mentón hasta el pecho y luego levántalo. (Varias veces).

6. Gira la cabeza para mirar sobre el hombro, a la izquierda y a la derecha. (Varias veces).

7. Arruga la cara.
Hazla lo más pequeña posible.
Ahora, abre la cara y bosteza lo más ancho posible.
Ahora, empuja los labios para fuera y después retíralos para dentro.

8. Empezando por arriba, en la nuca, intenta mover cada músculo de la espalda, hasta llegar a la cadera. Ahora, lo mismo hacia arriba.

9. Mueve los brazos como aspas de molino, primero el brazo izquierdo hacia adelante, después el brazo derecho hacia adelante, después cada brazo para atrás.
10. Dobla las muñecas hacia atrás y hacia adelante y luego gíralas en ambas direcciones. (Varias veces).
11. Mueve los dedos, simula que estás tocando el piano.
12. Mueve los tobillos, gira los pies.
13. Inclínate suavemente a la izquierda y después a la derecha, levantando el brazo opuesto por encima de la cabeza.

5.2. El espejo

Un ejercicio divertido (pero serio) para aumentar la concentración y la comunicación es el siguiente: el estudiante *A* intenta reflejar las acciones del estudiante *B*. Este último realiza acciones cotidianas como sentarse, levantarse, afeitarse, vestirse, peinarse, comer, beber, llamar por teléfono, practicar un deporte, coger un objeto y manipularlo, etc., y *A* las va realizando como si fuera el espejo de *B*. Es importante que los movimientos de los dos participantes se realicen lo más simultáneamente posible, realmente como en un espejo.

5.3. Objetos inexistentes

Este ejercicio aumenta la conciencia corporal del actor, es decir, le hace consciente de sus movimientos; además, estimula la concentración.

El profesor nombra un objeto y el actor simulará estar jugando con ellos. Después, el profesor cambia de objeto. También es posible que el actor pase el objeto (inexistente) a otro actor.

Posibles objetos: una pelota, un globo, un látigo, un yo-yo, el lazo de un campanario, una caña de pescar, una sierra, una espada, una regadera, una jeringa, una pala, un lápiz, etc. Haz una lista de otros objetos.

5.4. Formas de caminar

Este ejercicio sirve para hacerse consciente de cómo uno camina.

Todos los estudiantes caminan por el aula en diferentes direcciones. El profesor irá dando las siguientes indicaciones (variando el orden) y añadiendo otras, si quiere:

Estáis caminando sobre:
- *una playa de piedras.*
- *una playa de arena caliente.*
- *barro.*
- *la superficie de la luna.*
- *medio metro de nieve.*
- *una pista de hielo.*

...

Ahora, estáis...
- *muy cansados.*
- *alegres.*
- *hambrientos.*
- *desorientados.*
- *tristes.*
- *borrachos.*

...

Ahora, estáis caminando con:
- *zapatillas de deporte.*
- *patines.*
- *botas de montaña.*
- *zapatos de tacón alto.*
- *zuecos de madera.*
- *...*

5.5. Abrir la garganta

Para hablar bien, hay que respirar bien. Para respirar bien, uno de los requisitos es abrir la garganta. Se hace así:
- Cada uno se pone de pie y se relaja.
- Después, simula que va a bostezar. Después, bosteza de verdad.
- Luego, simula estar haciendo gárgaras (como si tuviera agua en la garganta).
- Finalmente, se imita el sonido de una sirena (de ambulancia o policía). Empezar suave, luego aumentar el volumen.

5.6. Sílabas

Para calentar y templar la voz, se pueden decir estas sílabas de varias maneras, teniendo en cuenta los siguientes factores:

a) *Volumen*: se pueden decir desde muy suave (susurrando) hasta muy fuerte (gritando). Es conveniente empezar de forma suave y solamente decirlas a todo volumen después de haber calentado suficientemente la voz. Dentro de una sola serie de sílabas, se puede variar el volumen, por ejemplo:

Aumentar el volumen	ba	be	bi	bo	bu
Disminuir el volumen	ba	be	bi	bo	bu
Alternar el volumen	ba	be	bi	bo	bu

b) *Ritmo*: éste puede ir de muy lento a muy rápido, también dentro de una sola serie: empezar lento y aumentar la velocidad, o al revés.

c) *Repetición*: se puede empezar diciendo cada sílaba una vez (ba be bi bo bu), después dos veces (ba ba be be bi bi bo bo bu bu), después tres veces, etc. También se puede variar el número de veces que se dice cada sílaba: (1x) ba (2x) be be (3x) bi bi bi (4x) bo bo bo bo (5x) bu bu bu bu bu.

Intentad encontrar varias combinaciones y recordad dos cosas: *empezar suave* (para no forzar la voz) y *repetir el ejercicio* hasta que lo podáis realizar con facilidad y comodidad.

1. Ba be bi bo bu
2. Bla ble bli blo blu
3. Bra bre bri bro bru
4. Ca que qui co cu
5. Cla cle cli clo clu
6. Cra cre cri cro cru
7. Cua cue cui cuo
8. Cha che chi cho chu
9. Da de di do du
10. Dra dre dri dro dru
11. Dua due dui duo
12. Fa fe fi fo fu
13. Fla fle fli flo flu
14. Fra fre fri fro fru
15. Fua fue fui fuo
16. Ga gue gui go gu
17. Gla gle gli glo glu
18. Gra gre gri gro gru

19. Gua güe güi guo
20. Ja je ji jo ju
21. La le li lo lu
22. Lla lle lli llo llu
23. Ma me mi mo mu
24. Na ne ni no nu
25. Ña ñe ñi ño ñu
26. Pa pe pi po pu
27. Pla ple pli plo plu
28. Pra pre pri pro pru
29. Ra re ri ro ru
30. Sa se si so su
31. Ta te ti to tu
32. Tra tre tri tro tru
33. Va ve vi vo vu
34. Za ce ci zo zu

5.7. Una orquesta de voces

Con la voz se pueden imitar instrumentos musicales y, de esta manera, hacer música. En español, algunos de estos sonidos (llamados *onomatopeyas*) son:

Instrumentos	Onomatopeya
Instrumentos de viento	*Tiroriro*
Trompeta	*Tararí*
Campana	*Talán talán*
Campanilla	*Tilín*

Instrumentos	Onomatopeya
Clarín	*Tintirintín*
Corneta	*Tuturutú*
Platillos	*Chinchín*
Tambor	*Rataplán* *Tantarantán* *Tan tan*

Alguien toma el papel del director de orquesta, asigna los "instrumentos" a sus compañeros e indica el ritmo.

5.7. Concurso de belleza

En una encuesta entre niños españoles, la palabra *amor* fue elegida como palabra más bonita del español (posiblemente por el significado). Pero ahora vamos a juzgar las palabras únicamente por el sonido, no por el significado. Para eso, hay que practicar la pronunciación.

Para empezar, ¿qué te parecen estas palabras? No te preocupes por su significado, simplemente pronúncialas y escucha como suenan.

Anfractuosidad	*Infiernillo*	*Quiromancia*
Barrabasada	*Jaqueca*	*Reinvindicable*
Contoneo	*Kilovatio*	*Sopapear*
Chilacayote	*Lumbrera*	*Tiquismiquis*
Desatinado	*Mamporro*	*Untadura*
Espurio	*Nuégado*	*Voluptuosidad*
Frontispicio	*Ñoño*	*Yesca*
Guatuso	*Oscilación*	*Zurraposo*
Humedecedor	*Perrucho*	

Ahora, coge un diccionario y busca palabras cuyo sonido te guste. Dilas en voz alta. Organiza un concurso con tus compañeros.

5.9. ¿Tienes ángel?

En el mundo del teatro, la expresión *tener ángel* se utiliza para indicar que un actor o una actriz, cuando está en el escenario, inmediatamente atrae la atención del público, incluso cuando todavía no ha hablado. Esa cualidad también se llama *presencia escénica o gracia escénica.* Tener *ángel*, probablemente, no se puede aprender, pero podemos intentarlo, ¿verdad? Aquí tienes un ejercicio para probar si tienes *ángel*.

1. Ponte delante de la clase.
2. Cierra los ojos. Relájate. Respira profundamente. Espera 15 segundos.
3. Después, suave y lentamente, di tu nombre. Espera 15 segundos.
4. Después, GRITA tu nombre. Espera 15 segundos.
5. Ahora, vuelve a abrir los ojos. Mira a tus compañeros. Espera 15 segundos. Observa la reacción de tus compañeros.
6. Vuelve, lentamente, a tu sitio en la clase.
7. Cuéntales a tus compañeros cómo te sientes.
8. Pregúntales a tus compañeros qué opinan de tu presencia.

5.10. Frases compartidas

Actuar bien exige colaboración. Todos los actores son importantes y es imprescindible que entre ellos haya entendimiento. En este ejercicio puedes poner a prueba tu destreza de colaboración y de entonación.

Dos actores dicen una sola frase, por ejemplo: *en este momento está lloviendo en Madrid*, alternándose, así:

Actor 1: En
Actor 2: este
Actor 1: momento
Actor 2: está
Actor 1: lloviendo
Actor 2: en
Actor 1: Madrid

Antes de empezar, cada actor practica la entonación de la frase individualmente. Después, utilizando las mismas palabras, vamos a cambiar la entonación:

- *¿En este momento está lloviendo en Madrid?*
- *¡En este momento está lloviendo en Madrid!*

Podéis practicar con estas otras frases o cualquier otra (no demasiado larga) que queráis:

- No queremos trabajar los domingos.
- ¿Habéis visto a la amiga de Antonio?
- Vamos a comer paella a un restaurante de la playa.
- ...

5.11. Diálogos

Estos treinta diálogos, de seis líneas cada uno, son como pequeñas obras de teatro. En cada diálogo, deberías hacerte las siguientes preguntas:

1. *¿Quiénes están hablando: dos mujeres, dos hombres, una mujer y un hombre? ¿De qué edad?*
2. *¿Cuál es la relación entre ellos?*

3. *¿De qué están o pueden estar hablando?*
4. *¿Cuál es la situación precedente a estos diálogos?*
5. *¿Qué es lo que quieren los hablantes: lo que dicen o lo que no dicen?*
6. *¿Qué emociones tienen y (no) muestran los hablantes?*

Hay varias formas de trabajar estos diálogos.

a) Todos estudian el mismo diálogo, antes del siguiente ensayo. Una vez reunidos, se procede a contestar a las preguntas 1-6. Después, varias parejas representan los diálogos.

b) Dos estudiantes ensayan un diálogo y lo representan. Después, los demás contestan a las preguntas según la representación que hayan visto.

c) Varias parejas representan un mismo diálogo que previamente hayan ensayado o no. Luego, se comentan las diferencias entre las distintas versiones.

Recuerda que, en estos diálogos sin contexto, es muy importante trabajar la entonación y el ritmo para darles un significado.

1. A: ¿Sí? B: Claro, por supuesto. A: ¿Estás seguro? B: Como dos y dos son cuatro. A: Tú de matemáticas no sabes nada. B: ¿No me crees?	**2.** A: Déjame ver eso. B: ¿Qué? A: Que me dejes ver eso. B: ¿Por qué? A: Anda, déjame que lo vea. B: Y entonces, yo, ¿qué hago?
3. A: Quería preguntarte algo... B: Dime. A: Es una pregunta un poco extraña. B: No te preocupes, tú y yo nos conocemos. A: De todas formas... B: Eso, de todas formas.	**4.** A: ¿Qué te ha parecido? B: ¿Quieres que te diga la verdad? A: ¿No te ha gustado? B: ¿Por qué dices eso? A: ¿He dicho eso? B: ¿No lo has dicho?

5. A: Voy a salir ahora.
B: Bueno.
A: ¿Te parece bien?
B: ¿A qué hora volverás?
A: ¿Quieres que me quede?
B: Bueno.

6. A: El otro día vi a Juan.
B: ¿Sí?
A: Está muy delgado.
B: ¿Delgado?
A: En los huesos.
B: ¿Dónde lo viste?

7. A: Dime una cosa...
B: ¿El qué?
A: No, déjalo.
B: No, ¿qué quieres que te diga?
A: Nada.
B: ¿Cómo que nada?

8. A: Y él, ¿cuándo viene?
B: Bueno, eso depende...
A: Tendrá que venir.
B: Ya, pero...
A: Dile que venga esta semana.
B: ¿Esta semana? No sé...

9. A: ¿Y esto qué es?
B: ¿Esto?
A: Sí, esto, ¿qué es?
B: Esto es mío.
A: ¿Tuyo? ¿Me estás diciendo que esto es tuyo?
B: Me has oído.

10. A: Mañana me voy.
B: ¿Mañana?
A: A las tres de la tarde me recogen.
B: ¿Por qué no me lo has dicho antes?
A: Estabas ocupado.
B: ¿A las tres, has dicho?

11. A: No me parece lo más adecuado, ni mucho menos.
B: Estoy de acuerdo con usted.
A: Es más: me parece totalmente inadecuado.
B: Y, ¿qué podemos hacer?
A: No es mi problema, yo me lavo las manos.
B: Claro, claro, estoy de acuerdo.

12. A: No quiero más.
B: ¿No? ¿Ni un poquito?
A: No.
B: Bueno. Entonces...
A: Nada más.
B: Bueno.

13. A: Y eso, ¿cuándo fue? B: Pues, déjame pensar... A: Hace varios años, me imagino. B: ¿Tanto? A: Seguro, no puede ser de otra manera. B: ¿Y eso?	**14.** A: ¡Otra vez! B: ¿Te importa? A: ¿Y tú qué crees? B: Parece que sí. A: ¡Claro que me importa, me importa mucho! B: Bueno, lo siento.
15. A: Y tú, ¿cómo lo sabes? B: Me lo ha dicho alguien. A: Sí, supongo, si no, ¿cómo? B: Créeme, lo sé de buena tinta. A: ¿Y lo sabe alguien más o sólo tú y yo? B: Sólo tú y yo. Y él, claro.	**16.** A: Les expuse todos los argumentos, pero ellos siguen en sus trece. B: ¡Fíese usted de ellos! A: Dos horas estuve explicándoles el asunto. B: Y como si nada. A: ¿Prescindimos de ellos, entonces? B: Espera, tampoco es tan fácil.
17. A: Es una barbaridad, pero una barbaridad. B: ¡Vaya si es una barbaridad! No puedo creerlo. A: Esto no puede seguir así. B: Totalmente de acuerdo. ¿Qué propone? A: Voy a hablar primero con el director, o ¿cree que no lo debería hacer? B: No, no, no, es una buena idea, una muy buena idea.	**18.** A: ¿Qué hora tienes? B: Adivina. A: ¿Ya son las tres? B: Y ella sin llegar. A: ¿Qué te dije? B: Siempre igual.
19. A: Y justo cuando íbamos a salir, llegó ella. B: ¿Y qué hicisteis? A: Te confieso que fue una situación un poco penosa. B: Ya lo creo. A: Me sentía fatal, fatal, fatal. B: ¿Y qué hicisteis?	**20.** A: ¡Me ha tocado la lotería! B: ¡Anda! A: ¡En serio! ¿No me crees? B: Tú nunca juegas a la lotería. A: Esta vez sí. B: Bueno, pues, te felicito.

21. A: Te veo como triste hoy.
B: ¿A mí?
A: Sí, a ti, como aburrido, sin ganas...
B: Pues, no sé, a mí no me pasa nada.
A: Sí que te pasa.
B: No, en serio, no me pasa nada.

22. A: Usted qué cree: ¿hay alguna posibilidad de conseguirlo a corto plazo?
B: Eso, sin conocer las condiciones, no se puede decir.
A: ¿De ninguna manera?
B: No he dicho que sea imposible.
A: Yo creía entender que...
B: No, yo sólo dije que no se podía decir.

23. A: ¡Por fin, por fin!
B: ¿El qué?
A: Llegó lo que pedí hace más de un mes.
B: Ya era hora, digo yo.
A: Ahora a ver si es lo que pedí.
B: Claro, esa es otra.

24. A: Te quería preguntar algo.
B: Dispara.
A: No, es en serio, a ver qué opinas tú.
B: Dime.
A: ¿No te vas a reír de mí?
B: No, hombre...

25. A: No sé, me parece demasiado...
B: Se podría dividir en cinco o seis partes iguales.
A: Aún así seguiría siendo mucho.
B: Pero menos.
A: Eso sí. No sé, la verdad, tengo mis dudas.
B: Si no te gusta, no lo aceptamos.

26. A: ¿Sí?
B: Claro, por supuesto.
A: ¿Estás seguro?
B: Como dos y dos son cuatro.
A: Tú de matemáticas no sabes nada.
B: ¿No me crees?

27. A: Escucha lo que dice la letra de esta canción... B: ¿Qué dice? A: Que es hermoso vivir cuando estás enamorado. B: ¿Eso dice? A: ¿No te parece que tiene razón? B: Yo no digo que no.	**28.** A: Esta es la última vez, oye, ya no aguanto más. B: ¿Dónde he oído eso antes? A: ¡En serio, no aguanto más, estoy hasta aquí! B: No sabes lo que te dices. A: ¿Que no sé lo que me digo? ¡Vamos, hombre! B: Mañana lo verás todo con otros ojos, seguro.
29. A: ¿Qué hacemos? ¿Vamos o no vamos? B: Espera... A: Estoy un poco cansado de esperar. B: Si no quieres, no vamos. A: Yo quiero ir. B: Bueno, vamos.	**30.** A: Antes no se hacía eso, estoy seguro. B: ¿No? A: En absoluto, si uno hacía eso... B: Entonces, ¿qué pasaba? A: ¡De todo! ¡De todo! ¡No te lo puedes imaginar! B: Pero, ¿qué pasaba?

Las obras

Tercero derecha

Reparto

Alicia Villegas	____________
Ricardo Carballo	____________
Samuel	____________
Amalia Torres	____________
Vecina 3.° dcha	____________

Dirección	____________
Regiduría	____________
Escenografía	____________
Vestuario	____________
Maquillaje	____________
Luz	____________
Sonido	____________
Apuntador	____________

La acción transcurre a mediodía en el rellano del tercer piso de un bloque de apartamentos.
Hay dos puertas: en la puerta izquierda pone: 3.° izquierda, en la otra no pone nada.

(Alicia entra en el escenario, con una maleta y una caja, mira las dos puertas, se dirige después a la que debe ser 3.° dcha, saca unas llaves, intenta abrir la puerta pero ésta no abre. Vuelve a mirar el número de la otra puerta, otra vez intenta abrir la puerta, toca el timbre pero la puerta sigue cerrada. Extrañada, saca un papel del bolso, lo mira, compara lo que lee con el número de la puerta. Después, saca el teléfono móvil, marca un número y escucha).

ALICIA: *(Repitiendo lo que oye).* "El número que usted ha marcado se encuentra fuera de servicio". ¿Eh? ¿Y eso?

(Marca otro número).

Hola, soy yo... Sí, estoy aquí delante del apartamento pero no sé qué pasa... que no puedo entrar... no, la llave no entra... claro, bueno, no lo pone, pero la otra puerta es del tercero izquierda... sí, he tocado el timbre pero no hay nadie...

(Mientras, llega Ricardo, jadeando después de subir las escaleras con dos maletas).

RICARDO: *(Hablando de una forma un poco brusca.)* Disculpe, señorita, llego un poco tarde, es que el tráfico estaba fatal.

ALICIA: *(En el móvil).* Espera un momento, Daniel... *(A Ricardo).* ¿Cómo ha dicho?

RICARDO: Que me disculpe la tardanza.

ALICIA: Perdone, no le entiendo, ¿qué tardanza?, ¿quién es usted?

RICARDO: ¿Usted no es la señorita Garrido?

ALICIA: No, señor.

RICARDO: Entonces, ¿qué está usted haciendo aquí?

ALICIA: *(En el móvil).* Daniel, ahora te llamo... no, no, después te explico, bueno, hasta ahora... *(Apaga el móvil). (A Ricardo).* Perdone, señor, no entiendo nada de lo que me está diciendo.

RICARDO: Mire, yo creía que usted era la señorita de la agencia que me iba a dar las llaves de mi apartamento. Tengo una cita con ella a las dos y media.

ALICIA: ¿Qué agencia? ¿Qué apartamento?

RICARDO: Mi apartamento. El apartamento que he alquilado. *(Mira las dos puertas)*. Aquí, el tercero derecha.

ALICIA: ¿Cómo que su apartamento? Este apartamento lo he alquilado yo.

RICARDO: ¿Usted?

ALICIA: Sí, señor, yo.

RICARDO: No puede ser, este apartamento lo he alquilado yo.

ALICIA: Y yo también, aquí tengo el contrato y mis llaves. *(Saca el contrato del bolso)*.

RICARDO: Esto no puede ser... *(Coge el papel)*. Déjeme ver... Pero... ¡Esto es imposible! ¡Este contrato es el mismo que tengo yo! *(Saca un papel del bolsillo de la gabardina)*. Mire, exactamente el mismo. Sólo los nombres son distintos, claro, aquí, Ricardo Carballo, y aquí, Alicia Villegas, ¿es usted, no?, todo lo demás es igual.... ¡¡¡aaahhh!!!, no, no, no... no todo es igual, mire, la fecha no es la misma, yo firmé el día 2 y usted el día 3...

ALICIA: Si, el martes pasado...

RICARDO: Entonces, ¡yo firmé antes que usted!

ALICIA: ¿Y qué quiere decir con eso?

RICARDO: Yo firmé el contrato antes que usted, así que yo tengo más derechos. Yo soy el inquilino legal. Usted ha alquilado un apartamento que no podía alquilar.

ALICIA: Puede ser, pero usted ha alquilado un apartamento en el que no puede entrar.

RICARDO: ¿Por qué no?

ALICIA: No tiene llaves.

RICARDO: Las llaves que usted tiene, son mías.

ALICIA: No, señor, me las dieron a mí cuando firmé el contrato.

RICARDO: Y si usted tiene las llaves, ¿qué está haciendo aquí?, ¿por qué no entra?

ALICIA: Es que la llave no funciona.

RICARDO: ¿Está usted segura? Déjeme probar a mí.

ALICIA: No pienso dejarle mis llaves. *(Las mete en el bolso)*..

RICARDO: *(Impaciente, ya bastante irritado.)* Bueno, aclaremos esto de una vez. *(Saca el móvil y marca un número. Escucha un rato y apaga, visiblemente excitado)*. ¡Fuera de servicio! ¡No puede ser! ¡Si yo con este tipo he hablado un montón de veces!

ALICIA: ¿Con Juan Quintero?

RICARDO: ¿Quién?

ALICIA: Juan Quintero, el dueño de la agencia.

RICARDO: No sé de quién me está hablando, señorita, el dueño de la agencia se llama Ortiz. Antonio Ortiz.

ALICIA: No, señor, el dueño se llama Juan Quintero.

RICARDO: ¡Me va a volver usted loco! ¿Estamos hablando de la misma agencia o de dos agencias distintas?

ALICIA: Yo estoy hablando de Juan Quintero, de la agencia Metronet.

RICARDO: Y yo de Antonio Ortiz, de la agencia Promocasa.

ALICIA: *(Reflexiona un momento)*. ¿Un señor bastante gordo?

RICARDO: *(Extrañado)*. Sí, bastante gordo.

ALICIA: ¿Calvo, con gafas redondas, con un anillo en el pulgar derecho? *(Ricardo la mira, estupefacto)*.

RICARDO: Mire, voy a bajar a hablar con el portero. Todo esto es demasiado absurdo para ser verdad. Ya vuelvo.

(Sale deprisa, dejando el equipaje). *(Ya entre bastidores)*. ¡Váyase, que el apartamento ya está alquilado!

Entra Samuel, cargando dos maletas, mirando atrás sin comprender. Luego, mira a Alicia y las dos puertas.

SAMUEL: Buenas tardes.

ALICIA: Buenas tardes. *(Pausa).* ¿Usted también ha alquilado este apartamento?

SAMUEL: *(Extrañado).* ¿Cómo que yo también?

ALICIA: Yo también lo alquilé.

SAMUEL: ¿De qué me está hablando?

ALICIA: ¿Usted con quién habló, con Juan Quintero o con Antonio Ortiz?

SAMUEL: No me suenan esos nombres. ¿Quiénes son? ¿Qué está pasando aquí? ¿Qué está usted haciendo aquí?

ALICIA: Juan Quintero y Antonio Ortiz son la misma persona con dos nombres distintos. Un hombre gordo, con gafas y un anillo en el pulgar derecho.

SAMUEL: Fernando Pons.

ALICIA: ¿Así dijo que se llamaba?

SAMUEL: Es el dueño de la agencia.

ALICIA: Es un estafador.

SAMUEL: ¿Por qué sería un estafador? Yo tengo las llaves del apartamento. *(Deja las maletas en el suelo y saca las llaves del bolsillo del pantalón e intenta abrir la puerta, pero en vano)*... A ver... creo que han cambiado la cerradura, esta llave no es de esta cerradura.

ALICIA: ¿Ve? Es una estafa.

SAMUEL: Habrán cambiado la cerradura. Por seguridad.

ALICIA: *(Con ironía).* Sí, seguro.

SAMUEL: Y ahora, ¿qué hacemos?

ALICIA: No tengo ni idea.

SAMUEL: Voy a llamar a Fernando Pons.

ALICIA: Fernando Pons no existe. Sólo existe un estafador que se llama Fernando Pons o Juan Quintero o Antonio Ortiz. Y probablemente tiene veinte nombres más. Sin duda habrá más personas con un contrato como éste. *(Enseña el contrato).*

Samuel: ¿Y el hombre que salía corriendo cuando yo llegué?

Alicia: Es un compañero nuestro.
(Samuel la mira sin comprender).
Un compañero en la desgracia.

Samuel: Pues, si ya somos tres las víctimas, fácilmente podríamos ser seis o diez o veinte.

Alicia: Quién sabe...
(Se abre la puerta del tercero izquierda, sale Amalia Torres).

Amalia: *(Observa a Alicia y Samuel y luego se fija en este último).*
¿Tú no eres Samuel? ¿El hermano de Silvia? ¿Qué estás haciendo aquí en la escalera?

Samuel: *(Sorprendido y un poco confundido).* ¡Señorita Torres! ¿Usted vive aquí?

Amalia: Sí, yo vivo aquí. *(Mirando a Alicia).* Bueno, y, ¿no me vas a presentar a tu amiga?

Samuel: Eh, mire, ella no es amiga mía, el caso es que ha alquilado el tercero derecha y yo también.

Alicia: Los dos somos víctimas de una estafa. Samuel y yo no nos conocíamos. Yo soy Alicia Villegas.

Amalia: Yo soy Amalia, profesora de piano de la hermana de Samuel.

Alicia: Encantada.

Amalia: Explíqueme qué es lo que está pasando, la verdad es que no he entendido nada. ¿Usted ha alquilado el tercero derecha?

Alicia: Sí, señora. Y Samuel también. Y otro señor que estuvo aquí hace un rato y se fue corriendo a hablar con el portero. Todos, víctimas de una estafa.

Amalia: Ya lo creo, porque en el tercero derecha está viviendo alguien.

Samuel: ¿Cómo ha dicho?

AMALIA: El apartamento está ocupado por un señora joven, con un niño. Llegaron hace dos o tres días. ¿No está en casa? ¿ No habéis tocado el timbre?

ALICIA: Sí, he tocado el timbre pero no hay nadie...

AMALIA: Qué raro, juraría que a mediodía estaba en casa. *(Mira el reloj).* Perdonad, pero tengo un poco de prisa, son casi las tres y tengo una clase en la otra punta de la ciudad. Samuel, ¿por qué no me llamas por la noche para contarme qué es lo que ha pasado? Siento tener que irme, pero es que...

SAMUEL: No se preocupe, yo la llamaré. ¿Cuál es número?
(Samuel saca el móvil e introduce el número que le da Amalia).

AMALIA: Mira, es el 625 887 695. *(Dirigiéndose a Alicia).* Bueno, espero que este lío se solucione cuanto antes. Ya Samuel me contará qué pasó al final. Hasta luego, entonces.

ALICIA: Hasta luego, buenas tardes.

SAMUEL: Hasta luego, señorita Torres, la llamaré esta noche.

AMALIA: De acuerdo, Samuel. *(Sale).*

(Pausa. Los dos están incómodos, no saben qué hacer. De repente, se oye el sonido de la televisión, es la sintonía del Telediario de las tres de la tarde. Los dos se miran sorprendidos)..

ALICIA: ¡La televisión! Entonces, ¡hay alguien en casa!

SAMUEL: ¡Toque el timbre!

(Alicia toca el timbre repetidas veces. Unos quince segundos más tarde, se abre la puerta y sale la vecina, en pijama o bata, con el pelo revuelto y ojos de sueño, al principio habla como bostezando. Se sigue oyendo, durante toda la escena, el sonido del telediario).

VECINA: ¿Sí?

SAMUEL: Buenas tardes. Disculpe, ¿usted es la inquilina de este piso?

VECINA: *(Recelosa).* Sí.

SAMUEL: ¿Y desde cuándo vive aquí?

VECINA: *(Mirando a los dos, desconfiada).* Y ustedes, ¿quiénes son?

ALICIA: Perdone, señora, si no le importa, le explico lo que está pasando. Es que este señor y yo hemos alquilado también este apartamento y ahora resulta que usted ya está viviendo aquí. Y hay otro señor que también lo ha alquilado pero él no está aquí. Somos víctimas de un estafador.

VECINA: Un estafador. No lo entiendo. ¿Por qué se dejan estafar alquilando un apartamento que ya está alquilado? Yo vivo aquí.

SAMUEL: ¿Desde cuándo, señora?

VECINA: Desde el sábado pasado.

SAMUEL: Y nosotros también tenemos contrato y llaves del apartamento.

VECINA: Pues, las llaves no le van a servir, porque mandé cambiar la cerradura.

ALICIA: Sí, ya nos dimos cuenta. Intentamos abrir la puerta pero fue imposible.

VECINA: ¡Ah! Entonces, eso es lo que oí, sólo que no ubiqué el sonido.

(Aparece, corriendo y jadeando, Ricardo. Mira a la vecina).

RICARDO: Y usted, ¿qué hace allí? ¿No se da cuenta que está en mi casa? ¡Salga de ahí!

VECINA: ¡Ustedes están todos locos! ¡Voy a llamar a la policía!

(Va a cerrar la puerta, pero Ricardo mete el pie entre la puerta).

¡Quite ese pie de ahí! *(Abre la puerta un poco más para sacar el pie de Ricardo, pero en ese momento él entra violentamente en el apartamento, empuja a la vecina hacia afuera y cierra la puerta).*

¡Eh! ¡Idiota! ¡Abre esa puerta inmediatamente!

RICARDO: *(Desde dentro).* ¡No! ¡Aquí vivo yo!

VECINA: ¡Abre esa puerta o llamo a la policía! Mi niño está dentro. ¡Abre esa puerta, ladrón, asesino!

(Pausa. De repente, la puerta se abre rápido, Ricardo deja un niño en pañales en el suelo y cierra la puerta ante el estupor de los tres. El niño llora, la vecina lo toma en brazos y empieza a calmarlo. Se deja de oír el sonido de la televisión).

(Los actores congelan la acción. Durante los siguientes 10 segundos, sale de bastidores una persona con una pancarta que dice: "Estamos viendo... Tercero derecha". Enseña la pancarta a todo el público y desaparece. Cuando haya hecho mutis, la acción continúa).

SAMUEL: *(A Alicia).* Venga un momento, por favor. *(La lleva a un lugar alejado de la vecina).* Esto no puede seguir así. ¿Qué hacemos? ¿No deberíamos llamar a la policía?

ALICIA: ¿Y qué puede hacer la policía? ¿Sacar a ese hombre? ¿Rifar el apartamento? Todos podemos probar que somos los inquilinos legales. Bueno, todos y nadie.

SAMUEL: Si todos tenemos contrato, tendríamos que vivir todos en el apartamento.

ALICIA: ¿Estás loco? No cabemos todos. Esta mujer, el niño, tú, y yo y...

SAMUEL: No, eso no puede ser, claro.

(Pausa).

ALICIA: ¿Tú que vas a hacer ahora, Samuel?

SAMUEL: No lo sé. *(Pausa).* La verdad es que no tengo donde ir.

ALICIA: ¿Dónde estabas viviendo?

SAMUEL: Con un amigo, provisionalmente. Mis padres me echaron hace unas semanas. Por eso estaba tan contento de haber encontrado este piso.

(Suena el móvil de Alicia).

ALICIA: *(A Samuel).* Perdona un momento... *(Hablando en el móvil).* Sí... No, Dani, todavía no... es que es muy complicado... resulta que esto es una estafa... sí, una estafa, hay varias personas aquí que han alquilado el mismo apartamento... no sé, Dani, la verdad... no, mira, voy a ver cómo se soluciona esto, es un lío, hay un tipo que se metió en el apartamento... te llamo ahora, ¿vale?... sí, claro que te quiero... bueno, hasta luego...

SAMUEL: ¿Tu marido?

ALICIA: *(Un poco confundida).* No, un amigo...

SAMUEL: ¿Vas a vivir con él aquí?

ALICIA: Sí, es que me marché de casa...

SAMUEL: Estamos igual, entonces.

ALICIA: Pues sí, parece que sí, ¿no?

(En la escalera aparece Amalia)..

SAMUEL: (A Amalia.) ¿No se ha ido?

AMALIA: No, estoy preocupada. ¿Qué ha pasado aquí? El portero me ha dicho que había bajado un señor pidiendo la llave, gritando y no sé qué más, por eso he vuelto, estoy muy preocupada.

ALICIA: ¿Sabe qué ha pasado? Ese tipo ha entrado en la casa y ha dejado fuera a la señora con el niño.

AMALIA: ¡Vaya! ¡Qué vergüenza! *(Pausa)*. Tendremos que hacer algo. Miren, ¿por qué no entramos un momento en mi casa? Les voy a preparar un café y vamos a ver con tranquilidad qué podemos hacer.

ALICIA: Si no es molestia para usted, usted tenía una clase...

AMALIA: No se preocupe, llamaré para decir que ha surgido un problema.

(Amalia abre la puerta. Samuel y Alicia cogen sus maletas y entran. Cuando Amalia ve las maletas de Ricardo, se dirige a la vecina que no ha entrado).

(A la vecina). ¿De quién son estas maletas?

VECINA: Deben ser de ese tipo.

AMALIA: *(Mirando alternativamente las maletas y la puerta el tercero derecha)*. Se me acaba de ocurrir una cosa. Su casa tiene el balcón del dormitorio pegado al mío, ¿verdad?

VECINA: *(Recelosa)*. Sí.

AMALIA: ¿Y la ventana está abierta?

VECINA: Sí.

AMALIA: Entonces creo que tengo una idea.

(Coge las maletas y las pone lo más alejadas posible de la puerta del tercero derecha).

Vamos, entremos.

(La vecina y Amalia entran y cierran la puerta. Después de unos quince segundos, se vuelve a abrir la puerta, sale Amalia y toca el timbre del tercero derecha).

RICARDO: *(Desde dentro).* ¿Quién es?

AMALIA: Soy la vecina del tercero izquierda. Oiga, ¿estas maletas son suyas? No las deje aquí, nunca se sabe.

(Pausa. Después, la puerta del tercero derecha se abre un poco, Ricardo mira para fuera. Después de echar una mirada a Amalia, sale para recoger sus maletas. En ese momento, aparece Samuel en la puerta del tercero derecha, con una gran sonrisa, mirando a Ricardo, y cierra la puerta).

RICARDO: ¡Eh! ¿Qué haces? *(Dando porrazos a la puerta).* ¡Abre esa puerta! ¡Abre esa maldita puerta! ¡Este apartamento es mío!

(Amalia entra en su casa y cierra la puerta. Ricardo se calla, mira a su alrededor, coge sus maletas y sale en dirección de la escalera. Antes de hacer mutis, se vuelve hacia la puerta del apartamento).

¡Maldito apartamento!

TELÓN

El suspiro del moro

Reparto

Guía turístico	________________
Locutora	________________
Camarero	________________
Juan Antonio, reportero	________________
Cuatro turistas	________________
Cuatro emigrantes	________________
Periodista – payaso	________________
Gobernador	________________
Asistente del gobernador	________________
Boabdil	________________
Fátima, madre de Boabdil	________________
Dirección	________________
Regiduría	________________
Escenografía	________________
Vestuario	________________
Maquillaje	________________
Luz	________________
Sonido	________________
Apuntador	________________

La acción transcurre en una isla sospechosamente parecida a una de las Islas Canarias.

Al comenzar la obra, la locutora, el gobernador y el asistente están juntos, de forma distendida, hablando en voz baja. El gobernador está en bata y con una toalla en los hombros como recién salido de un baño de mar. Llega el guía.

LOCUTORA: *(Al guía.)* ¿Ya han llegado?

GUÍA: Sí, ya están aquí.

LOCUTORA: Bueno, entonces vamos a ver por dónde van ellos... *(Llama por teléfono móvil)*. Hola, soy yo... Oye, nosotros estamos listos... ¿Vosotros vais a tardar mucho? ¿Cinco minutos? Bueno, entonces aquí ya vamos a empezar... vale, hasta ahora. *(A los demás)*. Ya vienen para acá, empecemos.

GOBERNADOR: Bueno, me voy a vestir rápido. *(Al salir, al asistente)*. ¿Me planchaste la capa?

ASISTENTE: Sí, hombre, no te preocupes, ¡te verás precioso! *(Se ríe, mofándose del gobernador)*.

GOBERNADOR: Sí, tú ríete, pero la semana que viene te tocará a ti.

(La locutora se sienta en su puesto de control, los demás salen. A los pocos segundos, el guía vuelve en compañía de los turistas, a los que lleva a las sillas)..

GUÍA: ¡Por aquí, por favor, por aquí! ¿Han tenido buen viaje? ¡Bienvenidos a esta hermosa isla donde ustedes van a presenciar un inolvidable espectáculo! ¡Tomen asiento!

(Los turistas se sientas en las sillas, mirando el mar en dirección África).

LOCUTORA: Señoras y señores, buenas tardes. Gracias al patrocinio de *Starbucks*, el mejor café del mundo, podemos ofrecerles en vivo y en directo el final de la gran competición que se celebra todos los días, si el tiempo lo permite, entre las costas de África y la Puerta de Europa. Ustedes serán testigos de la emocionante llegada a la meta de algunos hermosos cayucos, todos hechos a mano por artesanos cualificados. ¿Cuántos llegarán hoy? ¿Cuántos no llegarán?

Pónganse cómodos, señoras y señores, en contados segundos estableceremos contacto radiofónico con nuestro reportero. *(Con voz de publicidad).* Relájense con nuestro delicioso café *Starbucks*.

(Aparece un camarero que ofrece tazas de café a los turistas. Estos lo prueban y hacen gestos exagerados de aprobación, murmurando cosas como "qué rico" o "buenísimo").

(Con voz de publicidad) ¿Quieren contribuir a la mejora del medioambiente? Ayúdennos a plantar árboles para proteger y mejorar nuestras plantaciones de café. ¡Su contribución cuenta!

(Aparece el mismo camarero pero esta vez con un limosnero como en las iglesias o en las colectas. Los turistas dan dinero. Antes de salir de la escena, el camarero también pedirá dinero a algunos miembros del público).

Ahora, vamos a conectar con nuestro reportero Juan Antonio García que está siguiendo el evento en directo. Juan Antonio, adelante.

REPORTERO: *(Voz en off, a través de altavoz)* Muy buenas tardes a nuestros oyentes desde la lancha *Victoria* en la que estamos siguiendo la fase final de esta magnífica competición. Les puedo contar que, de los dieciséis cayucos que tomaron la salida, sólo quedan dos: el cayuco *Perdición*, con una tripulación de 103 personas, y el cayuco *Liberación* con 84 personas a bordo, entre ellas cuatro menores. Por supuesto, la *Liberación* cuenta con una ventaja de peso: son diecinueve personas menos y además, según nos contó el capitán en una entrevista que nos concedió antes de la salida, muchas de ellas tienen experiencia: nada menos que treinta y seis miembros de la tripulación participan en este evento deportivo por segunda, tercera o cuarta vez.

(Los turistas hacen gestos exagerados comentando en voz baja lo que ha dicho el reportero).

LOCUTORA: Y cuéntanos, Juan Antonio, ¿cuáles son exactamente las condiciones meteorológicas en las que se desarrolla la competición?

REPORTERO: En este momento tenemos temperaturas suaves, en ligero descenso, intervalos nubosos con algunos chubascos dispersos y, en lo que se refiere al estado de la mar, olas de un metro y medio.

Locutora: ¿Cuáles son exactamente las posiciones de las embarcaciones y cuánto les falta para llegar a la meta?

Reportero: Bueno, les puedo contar a nuestros estimados oyentes que nos encontramos en un punto muy cercano a la isla, de hecho puedo ver ya la bandera... pero... ¡mucha atención! ¿qué está pasando? Señores oyentes, la *Perdición* pierde velocidad, incluso me parece que está haciendo agua, la *Liberación* se aleja y va a ser seguro ganador de esta regata, sí, señores oyentes, la *Perdición* se ha parado completamente, el cayuco está medio hundido pero afortunadamente ya ha llegado el barco de Salvamento Marítimo, el orgullo de la nación, nosotros seguimos la *Liberación* que ya se va acercando a la playa a buen ritmo.

(Los turistas se levantan y se acercan al mar, con las manos a modo de visera).

Locutora: Efectivamente, desde nuestra posición en la meta podemos ver como la *Liberación* se viene acercando...

Reportero: ¡Gran carrera de la *Liberación* que ha dejado atrás a su más directo competidor! Vemos que ya va llegando a la meta, señores oyentes, vamos a cronometrar el tiempo que ha invertido en su travesía... creo que... ¡sí señores! ¡Efectivamente! ¡La *Liberación* va a marcar un nuevo récord de siete días, trece horas, cuarenta y dos minutos y... seis... siete... ocho... nueve segundos!

(Llega el cayuco, el guía ondea una bandera como las que usan en las carreras de Fórmula 1, los inmigrantes saltan a la playa, los turistas aplauden con entusiasmo, se oye un efecto musical tipo marcha triunfal, los inmigrantes reciben los aplausos de los turistas inclinándose, sale el camarero y ofrece café a los inmigrantes).

Locutora: *(A los inmigrantes).* En nombre de todos los habitantes de la isla y con el patrocinio de *Starbucks*, el mejor café del mundo, les doy la bienvenida a esta tierra. Por favor, pasen por aquí, sean tan amables de seguirme.

(La locutora lleva a los inmigrantes a un pequeño podio con las cifras 1, 2, 3, como para una ceremonia de entrega de premios deportivos. Les hace subir al puesto número 1).

Locutora: Pónganse aquí, por favor.

(Suena una música triunfal y salen el Gobernador, vestido de gala, su asistente que lleva unas medallas en un cojín y el periodista).

Gobernador: En nombre del Gobierno, la oposición, los empresarios, los sindicatos y *Starbucks*, el mejor café del mundo, les felicito de todo corazón. Enhorabuena.

(El asistente entrega unas medallas al Gobernador que se las va poniendo a los inmigrantes).

Periodista: *(Hace una foto de los inmigrantes, después conecta su grabadora).* Buenas tardes. ¿Puedo hacerles unas preguntas? ¿Por qué han venido aquí?

Inmigrante 1: Bueno, yo ya había participado en dos regatas, pero las dos veces perdimos y nos expulsaron. Esta vez he tenido más suerte.

Periodista: Entonces, ustedes no están aquí por el efecto llamada?

Inmigrante 2: ¿El efecto llamada?

Periodista: Si, señor, algunas personas dicen que ustedes vienen aquí por el efecto llamada.

(Suena el teléfono móvil del inmigrante 1. Se aleja un poco del grupo para contestar).

Inmigrante 2: Pues, de efecto llamada no sé nada, yo he venido porque el Gobierno no se ocupa de los problemas de los ciudadanos. Lamento que este país haya pasado de ser un país estable, moderno, con políticas sociales, que progresaba adecuadamente, a un país convulsionado, dividido, enfrentado y con problemas tremendamente serios como el de la inmigración.

Periodista: Perdone, señor, pero... lo que usted acaba de decir son las palabras exactas del líder de la oposición.

Inmigrante 2: ¡No me diga! *(A sus compañeros).* ¿Habéis oído? ¡Por fin nos hacen caso!

Inmigrante 3: *(Al periodista).* Yo quisiera decir que el Gobierno ha estado dando tumbos, ha estado tomando una decisión y la contraria y, en este momento, está absolutamente desbordado, sin criterios y sin opinión alguna sobre lo que tiene que hacer.

PERIODISTA: *(Apagando su grabadora, con gesto de incomprensión)*. Pero... esto lo dijo el otro día el líder de la oposición... cómo está el mundo... no entiendo nada... *(Se quita el sombrero y la gabardina, los deja en el suelo, aparece su ropa de payaso. Hace mutis)*.

GUÍA: *(A los turistas)*. Señoras y señores, ladies and gentlemen, messieurdames, Meine sehr verehrten Damen und Herren, espero que les haya gustado el apasionante final del deporte más hermoso del mundo después del fútbol. Por favor, pasen por aquí, sigan todo recto hasta el autocar que les llevará al hotel. Muchas gracias por su visita y... no olviden al guía...

(Los turistas dan una propina al guía y hacen mutis, igual que el guía).

LOCUTORA: *(Arreglando las sillas donde habían estado los turistas*. A los inmigrantes). Señores, por favor, siéntense aquí. El señor Gobernador les desea dar la bienvenida.

GOBERNADOR: Estimados... *(titubea)*... Estimados ex inmigrantes... no... ajum... estimados nuevos ciudadanos o... queridos recientes europeos... en fin, digamos, queridas personas: en nombre de nuestro continente les doy la bienvenida a la tierra prometida, la tierra que mana leche y miel, chorizo y jamón ibérico, pizza y chianti, baguette y vino tinto, chucrut y cerveza, *fish and chips... (reflexiona un momento)*, hamburguesas también... colesterol bueno, colesterol malo, el que ustedes quieran aquí lo encontrarán, diversas clases de pan, preciosas frutas... helados... *(gritando como vendedor de helados)*. ¡Helados! ¡rrrricos helados!!! *(Como volviendo a la realidad)*. O sea, queridas y estimadas personas, en nombre de los habitantes de este paraíso terrenal, ¡les doy la más cordial bienvenida!

INMIGRANTES: ¡Gracias, señor Gobernador!

(El asistente le dice algo al oído al gobernador).

¡Ah! Por poco se me olvida! Queridas personas, hay una pequeña sine quo... sine cüi... sine ¿qué?

ASISTENTE: Sine qua non...

GOBERNADOR: ¿Sine qua qué? Bueno, una pequeña condición. A ver, es la siguiente. Para poder disfrutar de las delicias mencionadas, necesitamos que nos hagan un pequeño favor... no es nada, la verdad... una nimiedad... ya verán cómo no es nada... en serio...

Inmigrantes: *(Todos al unísono)*. Díganos, señor gobernador, ¿qué quiere que hagamos?

Gobernador: Verán... sólo necesito que me firmen una cosita... un papel... un contrato... sí, se podría llamar un contrato...

(El asistente le entrega un documento como los que se usaban en la Edad Media, con sello rojo).

(Leyendo el texto, bastante rápido, como para no darle importancia). .... Yo, inmigrante recibido por el gobernador bla bla bla... bla bla... declaro... bla bla... renunciar a mi personalidad... bla bla... aceptar la cultura continental dominante... bla bla... aquí habla de multas y eso, bah, eso no tiene importancia... bueno, como les decía, no es nada, una formalidad, hagan el favor de echar una firmita aquí...

(Pone el documento en una mesa, y alcanza una pluma a los inmigrantes).

Inmigrante 1: *(Levantándose)*. Disculpe, señor Gobernador, si me permite una pregunta...

Gobernador: (*Hablando de forma paternalista)*. Cómo no, hijo, cómo no... adelante, ¿cuál es tu pregunta?

Inmigrante 1: Verá, señor Gobernador... no sé si podré firmar ese documento.

Gobernador: ¿Por qué no, hijo?

Inmigrante 1: Es que el documento dice que tenemos que aceptar la cultura continental dominante...

Gobernador: *(Como sin darle importancia)*. Sí, algo así pone, creo.

Inmigrante 1: Ahora bien, yo no tengo problemas con eso, ¿me entiende?, es más, me parece estupendo, por algo esa cultura es la dominante, ¿no?, yo también estoy dispuesto a renunciar a mi personalidad porque, de todas formas, yo no tengo personalidad, yo no soy nadie.

Gobernador: *(Le interrumpe, impaciente*). ¿Entonces, cuál es tu problema?

Inmigrante 1: Ya le digo, señor Gobernador, que yo con lo de la personalidad no tengo problemas.

Gobernador: *(Interrumpiendo otra vez)*. Abrevia, que no tenemos todo el día.

Inmigrante 1: Es que... ¡no me gusta el chucrut!

Inmigrantes: ¡Bien dicho! ¡A nosotros tampoco nos gusta el chucrut! Así no podremos firmar! ¡No firmaremos con chucrut!

Gobernador: Pero... pero... vamos a ver, un poco de chucrut no le hace mal a nadie...

Inmigrantes: *(Todos al unísono, rítmicamente, dando palmas)*. ¡No queremos chucrut! ¡No queremos chucrut! ¡No queremos chucrut! ¡No queremos chucrut!

Gobernador: *(Levantando la mano)*. ¡Silencio, por favor! ¡Silencio!

(Los inmigrantes se callan).

Bueno, nosotros, aquí en el continente, somos personas razonables, vivimos en el Siglo XXI, ¿verdad?, no queremos imponer nada a nadie así que... *(con grandes gestos, borra una palabra en el documento)*. ¡Ya está! ¡Adiós chucrut! ¡Y ahora a firmar, carajo!

Inmigrantes: Sí, señor Gobernador. *(Se levantan y firman).*

Gobernador: Señores, muchas gracias, les deseo lo mejor en su nueva vida. *(Sale, seguido del asistente).*

Inmigrante 2: Y ahora, ¿qué hacemos?

Inmigrante 1: Nos quedamos aquí, ahora nos viene a buscar Boabdil.

Inmigrante 2: *(Incrédulo)*. ¿Boabdil?

Inmigrante 1: Sí, fue él quien me llamó, ya viene para acá.

Inmigrante 2: Pero... ¿te refieres a Boabdil? O sea, ¿Boabdil?

Inmigrante 1: Sí, ¿qué pasa?

Inmigrante 2: *(Más incrédulo todavía, casi gritando)*. ¡¡¿¿Boabdil??!!

Inmigrante 1: No me grites, que no estoy sordo. Y si no me crees, mira, ahí viene.

(Entra Boabdil seguida de su madre).

Inmigrante 2: ¿Es usted Boabdil, o sea Muhamad IX, de la dinastía nazarí, el último rey de Granada, el que entregó la ciudad a los Reyes Católicos el 2 de enero de 1492 y se retiró poco después a Marruecos?

BOABDIL: El mismo, para servirle. *(A los otros inmigrantes)*. Este chico habla como una enciclopedia. ¿Qué le pasa?

INMIGRANTE 1: Es el *jet lag*. Acabamos de llegar.

BOABDIL: Ah, claro. ¿Qué tal el viaje?

INMIGRANTE 3: Hemos ganado.

BOABDIL: Enhorabuena. Eso quiere decir que ya os dieron los papeles, ¿verdad?

INMIGRANTE 3: Sí, señor, ya hemos firmado y todo.

BOABDIL: En mis tiempos, eso era distinto. No se firmaba nada. Uno entraba y si quería, se quedaba. Bueno, a veces a uno le echaban, como a mí.

INMIGRANTE 3: ¿A usted le echaron?

BOABDIL: Sí, chaval, como lo oyes. Y eso que yo tenía un montón de papeles de todo tipo pero Fernando e Isabel me tendieron una trampa y... hala, una patada en el culo. Más o menos fue así, os ahorro los detalles. Ah, pero, disculpad, muchachos, no os he presentado a mi madre. Madre, aquí, unos amigos.

INMIGRANTES: Encantado, señora, mucho gusto.

BOABDIL: Nosotros vivimos muy cerca de aquí, os invito a cenar.

MADRE: Espero que ustedes tengan más coraje que mi hijo.

BOABDIL: ¡Madre!

MADRE: Si, hijo, no lo niegues. Cuando salimos de Granada, lloraste como una mujer.

BOABDIL: ¡Madre, por favor! Siempre la misma historia! ¡Otra vez, no!

MADRE: ¡Pero si es verdad! ¡Como una mujer lloraste! ¡Como un mocoso! Como un niño! Si hubieras defendido Granada...

BOABDIL: *(La interrumpe)*. Como un hombre, después no habría llorado como una mujer, sí, lo sé, cuántas veces ya me lo has dicho, no lo quiero oír más, por favor, ésta ha sido la última vez-

MADRE: *(Interrumpiendo)*. Pero hijo mío, qué quieres que haga, si es la verdad, llorabas como una mujer cuando.

BOABDIL: No, madre, ya te lo he explicado mil veces, te lo voy a explicar una vez más: cuando subimos a esa colina fuera de Granada, ¿te acuerdas que de repente se levantó un viento muy fuerte?

MADRE: Como una ventisca.

BOABDIL: Algo así. Bueno, como en aquella época los caminos en España eran muy malos, llenos de polvo, pues... ¡se me metió algo en el ojo! No sé qué sería: un poco de polvo, una brizna de paja, una piedrecita, un mosquito, quién sabe, pudo ser incluso... una flor...

MADRE: ¿Una flor, hijo? ¿Cómo se te va a meter una flor en el ojo?

BOABDIL: Sí, sí, sí, una flor, ¿por qué no? ¿Usted cree que eso es imposible? Cosa más raras se han visto...

MADRE: Bueno, ahora que lo dices... *(Reflexionando)*. ... mmm, una flor, una azucena, una flor de jazmín.. azahar... nomeolvides... alhucema...

BOABDIL: Pues sí, madre, yo le digo que fue una flor lo que se me metió en el ojo, por eso empecé a llorar... sentí algo... extraño... *(Pausa)*. Suave pero extraño... debió ser una flor... estoy seguro... *(Suspira hondo)*.

MADRE: Claro, hijo, una flor, por supuesto... *(Mirando por el hombro a los inmigrantes)*. ¡Vengan, por favor, vengan con nosotros! Vamos a cenar.

(Mientras hablan, Boabdil y su madre van saliendo del escenario. Los inmigrantes dudan un momento, mirándose como si no estuvieran seguros de poder seguir a Boabdil y a su madre pero al final le siguen).

TELÓN

Al borde

Un poema dramático en colores

Reparto

Mujer vestida de blanco	______________
Mujer vestida de verde	______________
Hombre vestido de azul	______________
Hombre vestido de rojo	______________
Dos ayudantes vestidos de rojo	______________
Vendedor de maní	______________
Policía	______________
Enfermero	______________

Dirección	______________
Regiduría	______________
Escenografía	______________
Vestuario	______________
Maquillaje	______________
Luz	______________
Sonido	______________
Apuntador	______________

La acción transcurre durante un atardecer de verano, en el tejado de un rascacielos.

(Cuando la obra comienza, la mujer de blanco está al borde del tejado. Después de unos segundos, saca algo del bolsillo de la chaqueta o del pantalón, con mucho cuidado, como si fuera un pájaro recién nacido. Lo tiene escondido en la mano, de tal forma que el público no lo pueda ver. Lo mira intensamente. Después lo echa a volar como si fuera un pájaro. Se sienta en alguno de los cubos, saca "otro" del bolsillo y lo mira.

Por la puerta de la escalera entra la mujer de verde. Lleva una pelota de colores. Mira unos momentos a la mujer de blanco).

MUJER DE VERDE: ¿Qué tienes ahí?

MUJER DE BLANCO: *(Lo mete rápido en el bolsillo para que la mujer de verde no lo vea).*

Nada... *(Pausa)*. Algo...

MUJER DE VERDE: ¿Qué quieres decir? ¿Algo o nada? ¿O las dos cosas?

MUJER DE BLANCO: No, las dos cosas, no.

MUJER DE VERDE: ¿O ninguna de las dos?

MUJER DE BLANCO: Sí.

MUJER DE VERDE: ¿Sí? ¿Alguna o ninguna de las dos?

MUJER DE BLANCO: Alguna. *(Pausa)*. Algo.

MUJER DE VERDE: Algo... ¿Un pajarito?

MUJER DE BLANCO: No... no es un pájaro.

MUJER DE VERDE: ¿No me quieres decir qué es?

MUJER DE BLANCO: Tú lo dirás. *(Pausa)*. Alguna vez...

MUJER DE VERDE: ¿Alguna vez? ¿Cuándo? ¿Lo he dicho alguna vez?

MUJER DE BLANCO: No.

MUJER DE VERDE: ¿Lo diré alguna vez?

MUJER DE BLANCO: Sí.

MUJER DE VERDE: ¿Es un juego, una adivinanza?

MUJER DE BLANCO: No. *(Pausa).* No, no es un juego... O sí lo es, si tú quieres...

MUJER DE VERDE: Sí, yo quiero. Vamos a jugar, ¿vale?

MUJER DE BLANCO: ¿No estamos jugando ya?

(Por la puerta de la escalera entra el hombre de azul. Se acerca y saluda).

HOMBRE DE AZUL: Hola.

MUJER DE VERDE: Hola. ¿Vienes a jugar con nosotros?

HOMBRE DE AZUL: ¿A qué estáis jugando?

MUJER DE VERDE: Ella tiene algo escondido en el bolsillo y yo tengo que adivinar qué es.

HOMBRE DE AZUL: Eso es muy difícil.

MUJER DE VERDE: ¿Por qué?

HOMBRE DE AZUL: Estamos en un tejado. ¿Cuántas cosas no puede uno tener en el bolsillo en un tejado?

MUJER DE VERDE: *(Extrañada).* ¿Qué tiene que ver el tejado con el bolsillo?

HOMBRE DE AZUL: ¿Tú llevarías lo mismo en los bolsillos en la playa que en... digamos... un zoológico?

MUJER DE BLANCO: *(Interrumpiendo, pero sin brusquedad).* ¿Hablamos filosofía o jugamos?

HOMBRE DE AZUL: ¿O en un tejado?

MUJER DE VERDE: Juguemos.

HOMBRE DE AZUL: ¿Por qué no nos dices sencillamente qué es lo que tienes ahí?

MUJER DE BLANCO: *(Parece que lo va a decir).* Aquí tengo... *(Pausa).* ... ¡una palabra!

MUJER DE VERDE: *(No comprende lo que ha dicho).* ¿Qué? ¿Una palabra? ¿Tú nos la vas a decir? ¿O quieres que nosotros te digamos una palabra?

Mujer de blanco: No, vosotros no... Esta palabra no se dice... Es mejor no decirla. Aunque... algún día habrá que decirla.

Hombre de azul: ¿Qué palabra?

Mujer de blanco: Ésta... *(Guarda la palabra en el bolsillo).*

Mujer de verde: ¿No podríamos adivinar?

Mujer de blanco: Para adivinarla, tendríais que decir todas las palabras del mundo y todas las palabras de tu vida.

Hombre de azul: ¿Todas? *(Reflexiona)...* ¿Cuántas palabras hay en el mundo?

Mujer de blanco: Las que tú dices, las que ella dice. *(Mira a la mujer de verde),* las que yo digo...

Mujer de verde: Las que he dicho yo, las que has dicho tú. *(Mira al hombre),* las que ha dicho ella...

Hombre de azul: *(Cantando, como si fuera una canción infantil).* Y las que yo diré, las que vosotros diréis...

Mujer de verde: ¿Es un verbo?

Mujer de blanco: *(No contesta, ha sacado la palabra del bolsillo y la mira. La mujer de verde y el hombre de azul tiran la pelota al decir una de la siguientes palabras).*

Mujer de verde: ¿Comer? *(Tira la pelota al hombre de azul).*

Hombre de azul: ¿Correr? *(Tira la pelota a la mujer de verde).*

Mujer de verde: ¿Beber? *(Tira la pelota al hombre de azul).*

Hombre de azul: ¿Vivir? *(Tira la pelota a la mujer de verde).*

(La mujer de blanco mira a los otros dos pero no contesta, en la cara lleva una sonrisa misteriosa).

Mujer de verde: *(Hablando muy rápido).* ¿Amar? ¿Arar? ¿Asar? ¿Atar?

(Tira la pelota al hombre de azul).

Hombre de azul: *(Hablando muy lento).* ¿Zafar? ¿Zampar? ¿Zanjar? ¿Zarpar? *(Tira la pelota a la mujer de verde).*

MUJER DE BLANCO: Es un verbo y no lo es... Es un sustantivo y no lo es... Es todo, pero también no lo es... ni lo será.

MUJER DE VERDE: ¿Un adjetivo? *(Tira la pelota al hombre de azul).*

HOMBRE DE AZUL: ¿Excelente, extraordinario, sobresaliente, inmejorable?

(Tira la pelota a la mujer de verde).

MUJER DE VERDE: ¿Pésimo, nefasto, horrendo, impresentable?

(Tira la pelota al hombre de azul).

MUJER DE BLANCO: Sí, pero no...

HOMBRE DE AZUL: *(Alzando la voz).* ¡¿Generoso, gentil, cordial, tolerante?! *(Tira la pelota a la mujer de verde).*

MUJER DE VERDE: *(Casi gritando).* ¡¿Delincuente, asesino, atracador, maleante?!

(La mujer de verde quiere tirar la pelota al hombre de azul que, en ese momento, debe estar delante de la puerta de la escalera. Pero este no alcanza a cogerla y la coge el hombre de rojo que acaba de entrar por esa puerta. Este avanza lentamente, amenazador, por el escenario mientras los dos ayudantes de rojo van saliendo por la puerta. Durante toda la escena se comportarán de manera intimidante).

HOMBRE DE ROJO: *(Entre irónico y amenazador, dirigiéndose a la mujer de verde).* ¿Me llamabas?

MUJER DE VERDE: *(Con miedo).* ¿Yo?

HOMBRE DE ROJO: Sí, tú.

MUJER DE VERDE: ¿A usted?

HOMBRE DE ROJO: Sí, exactamente, a mí. Tú a mí.

MUJER DE VERDE: Yo... no... sólo estábamos... hablando... jugando...

HOMBRE DE ROJO: *(A los ayudantes).* ¿Lo habéis oído? Estaban hablando y jugando.

(Los ayudantes se ríen a carcajadas, pero evidentemente lo simulan porque dejan de reir de repente).

AYUDANTES: ¡Ja, ja, ja, ja, ja, ja, ja, ja!

Hombre de rojo: *(A los ayudantes).* ¿Nosotros les hemos dado permiso para hablar y jugar?

Ayudantes: No, jefe, en ningún momento les dimos permiso.

Hombre de rojo: Exactamente. Bien dicho. Correcto.

(Tira la pelota por el borde del tejado).

Entonces, compañeros, ¿cuál debe ser la conclusión?

Ayudantes: ¿La conclusión, jefe?

Hombre de rojo: La conclusión, el veredicto, la decisión, la sentencia.

Ayudantes: ¿El fallo? ¿El dictamen?

Hombre de rojo: El castigo.

Ayudantes: Aquí, usted es el que manda, jefe. Nosotros sólo obedecemos órdenes.

Hombre de rojo: Exactamente. Bien dicho. Correcto. A ver... dejadme pensar un momento...

Ayudantes: Sí, jefe, le dejaremos pensar un momento.

(El hombre de rojo se sienta en uno de los cubos, asumiendo durante algunos segundos la postura de "El pensador" de Auguste Rodin. Después, levantándose).

Hombre de rojo: Ya he pensado. Nosotros también vamos a jugar. *(Dirigiéndose a "los tres", la mujer de verde, la mujer de blanco y el hombre azul).* Venga, poneros aquí, los tres juntos.

(Les indica un lugar en el escenario frente al público. Los tres se ponen uno al lado del otro. El hombre de rojo da una vuelta alrededor de ellos. Parece contento con el resultado).

Bueno, como os gusta hablar y jugar, hablaréis y jugaréis. Para empezar, vais a repetir lo que yo os diga. A ver: decid "hablaremos y jugaremos".

Los tres: *(Cada uno lo dice a su manera, con miedo en la voz).* Hablaremos y jugaremos.

HOMBRE DE ROJO: *(Elevando la voz, como un maestro severo e impaciente).* ¡No! ¡No! ¡No! ¡Así no! ¿Cómo vais a jugar juntos si ni siquiera sabéis hablar juntos? *(A los ayudantes).* Chicos, dadles un ejemplo.

AYUDANTES: *(Hablando perfectamente al unísono).* Sí, jefe, nosotros también hablaremos y jugaremos.

HOMBRE DE ROJO: *(A los tres).* ¿Veis qué fácil es? Ahora vosotros. A la una, a las dos y... a las tres.

LOS TRES: *(Perfectamente al unísono).* Hablaremos y jugaremos.

HOMBRE DE ROJO: Diréis las cosas que yo os mande y jugaréis los juegos que yo os diga.

LOS TRES: *(Al unísono).* Diremos las cosas que usted nos mande y jugaremos los juegos que usted nos diga.

(En este momento, por uno de los bordes del tejado, como si hubiera trepado por la fachada del rascacielos, entra el vendedor de maní, con una cesta de supermercado del brazo, llena de bolsitas de maní. También lleva la pelota que el hombre de rojo había tirado por el borde. El vendedor dice su parlamento como si lo hubiera dicho ya mil veces, lo cual probablemente es verdad).

VENDEDOR: Señoras y señores, buenas noches, disculpen la inconveniencia, no es mi intención molestarles, sólo quisiera hacerles partícipes de una oferta increíble con la que sustento la vida de mis hijos en estos duros tiempos, mi esposa está enferma, somos desplazados por la violencia contra el ciudadano de bien, no encuentro trabajo, mi familia tiene hambre, por eso les vengo ofreciendo este delicioso maní dulce, llamado también cacahuate o cacahuete por nuestros hermanos mexicanos, con lo que les quiero decir que con la compra de un paquete de este delicioso producto ustedes me ayudan en la lucha diaria por la supervivencia. Puedo ofrecerles un paquete por el increíble precio de 40 céntimos, dos paquetes por 75 céntimos y tres paquetes por un euro. Repito: un paquete, 40 céntimos, dos paquetes 75 céntimos y tres paquetes, un euro o el equivalente en moneda local. Les agradezco la atención y les pido otra vez perdón por la molestia. Muchas gracias.

(Los ayudantes de rojo compran tres paquetes, se quedan con uno cada uno y entregan el tercero al hombre de rojo. El vendedor ofrece el maní al público y vende lo que los espectadores quieran comprar. Después se retira, dejando la pelota en el suelo).

Hombre de rojo: *(Con impaciencia).* Bueno, ¿podemos seguir ya? *(A los tres).* Escuchad esto y después, repetidlo. *(Saca un papel de su bolsillo y lee a gran velocidad).*

"Al menos 16 civiles afganos han fallecido hoy domingo en el ataque a un convoy estadounidense llevado a cabo por un coche bomba conducido por un terrorista suicida, según han informado fuentes militares."

(Los tres lo miran estupefactos, después se miran el uno al otro, luego bajan la cabeza avergonzados).

Hombre de rojo: ¿Y? ¿Qué? ¿No sois capaces de repetir eso? ¿Y esto?

(Saca otro papel de su bolsillo y lee a gran velocidad).

"La venta de maquetas de trenes está ganando fuerza gracias a acuerdos con las productoras de las películas de Harry Potter, así como por una nueva tendencia al consumo de juguetes pasados de moda".

(Los tres se cubren la cabeza con las manos en un gesto de extrema vergüenza e impotencia).

(Por la puerta de la escalera entra el policía con una pistola de agua en la mano).

Policía: ¡Quedáis todos detenidos!

Hombre de azul: Disculpe, agente, los delincuentes son ellos. *(Indica a los hombres de rojo).*

Policía: ¿Y cómo voy a saber si eso es verdad? Igual el delincuente podría ser usted.

Hombre de rojo: Exactamente. Bien dicho. Correcto.

Policía: *(Al hombre de rojo).* O usted. O cualquiera de los demás.

Hombre de rojo: O usted.

POLICÍA: Eso es imposible, yo soy el policía. Y además tengo una pistola. *(Dispara agua al hombre de rojo)*. Voy a hacerles una pregunta. ¿Quién llegó primero aquí?

LOS TRES: Nosotros.

POLICÍA: Entonces, ustedes son inocentes porque, de ser ustedes los criminales, los rojos no se habrían quedado.

AYUDANTES: ¿Cómo? ¿Qué? ¿Puede repetir eso?

POLICÍA: No, señores, no lo podría repetir porque es demasiado inteligente. Ustedes tres quedan detenidos. ¡Vamos!

(Con la pistola indica la puerta del ascensor. Los hombres de rojo hacen mutis por la puerta, igual que el policía).

MUJER DE BLANCO: Estamos libres otra vez.

MUJER DE VERDE: Ya no tengo ganas de jugar...

HOMBRE DE AZUL: Yo tenía miedo.

MUJER DE BLANCO: Pero nos queda la palabra.

MUJER DE VERDE: ¿Cuál? *(Indicando a la mujer de blanco)*. ¿La de ella?

HOMBRE DE AZUL: Nos quedan todas las palabras.

MUJER DE BLANCO: Ellas estarán aquí cuando nosotros nos hayamos ido.

MUJER DE VERDE: ¿Nosotros no nos podemos quedar?

HOMBRE DE AZUL: Nos podemos quedar, nos podemos ir, es lo mismo.

(Por la puerta entra el enfermero).

ENFERMERO: Es la hora.

MUJER DE VERDE: Un poco más, por favor.

HOMBRE DE AZUL: Sólo unos minutos....

ENFERMERO: Lo siento, pero la hora es la hora. Nos vamos.

(Resignados, todos entran por la puerta de la escalera. Unos segundos más tarde, el enfermero vuelve a aparecer y recoge la pelota. La mira un momento).

Pelota. ¿Pelota? ¡Pelota!

(Cuando está a punto de hacer mutis por la puerta, se vuelve para atrás y, como un portero de fútbol, tira la pelota por el borde. Después, hace mutis).

TELÓN

La muerte de Mauro

Reparto

Mauro, el enfermo	______________
Mauro, el sepulturero	______________
Mauro, su otro yo	______________
Mauro, el viajero	______________
Mauro, el prisionero	______________
Helena, la ex esposa de Mauro	______________
El médico	______________
La abogada	______________
Dirección	______________
Regiduría	______________
Escenografía	______________
Vestuario	______________
Maquillaje	______________
Luz	______________
Sonido	______________
Apuntador	______________

La acción transcurre en un momento indeterminado del día o de la noche, simultáneamente en varios lugares: una cama de hospital, un cementerio, un vagón de metro, una celda.

Cuadro primero

Texto del videoproyector: "Cuadro primero: la vida, la muerte y el desayuno".

(Mauro el enfermo está tendido en la cama; está muy pálido, tiene los ojos cerrados.

Mauro el viajero está sentado en un vagón del metro, leyendo un libro.

Entra Mauro, el sepulturero, con una pala en la mano, pasa por la cama de Mauro el enfermo, le echa un vistazo, se encoge de hombros y empieza a cavar una tumba. Después de algunos momentos hace una pausa, saca un pañuelo grande, se seca el sudor de la frente y mira hacia donde está el enfermo).

EL SEPULTURERO: Mauro, ¿en qué estás pensando? *(Pausa)*. ¿En el futuro? *(Pausa)*. ¿En la muerte?

EL ENFERMO: *(Abre los ojos. Irónico)*. ¿No hay más opciones?

EL SEPULTURERO: No, lo siento, a estas alturas ya no quedan. *(Pausa)*. ¿Y?

EL ENFERMO: Estaba pensando en las dos cosas y he descubierto una cosa.

EL SEPULTURERO: ¿Qué cosa?

EL VIAJERO: *(Leyendo en voz alta una frase de su libro. La frase aparece en el mismo momento en la proyección)*.

(Texto del videoproyector:

"Si para los seres humanos es difícil imaginarse el futuro, más difícil les resulta imaginarse la muerte. Pero lo mas difícil es imaginarse la vida en el futuro"*)*.

"Si para los seres humanos es difícil imaginarse el futuro, más difícil les resulta imaginarse la muerte. Pero lo mas difícil es imaginarse la vida en el futuro". *(Dejando de leer, mirando hacia los otros)*. Es decir, en el fondo, todos somos como esos ridículos hombrecillos viajando a la luna en un cohete, vestidos de frac. Julio Verne era un genio, sin duda, pero con poca fantasía.

EL ENFERMO: O sea, ¿el futuro, la vida y la muerte son la misma cosa?

EL VIAJERO: A corto plazo, no. A mediano plazo, a veces. A largo plazo, sí.

EL ENFERMO: ¿Y eso, para mí, qué significa, Mauro?

EL SEPULTURERO: *(Ríe)*. ¿Tú qué crees? Si supieras dónde estoy, sabrías qué significa.

EL ENFERMO: No sé dónde estás pero me temo lo peor.

EL VIAJERO: ¿Lo peor? En este caso, no hay ni peor ni mejor.

EL ENFERMO: Es decir, que estás en el cementerio. *(Pausa)*. Pero, ¿ya?

EL SEPULTURERO: Ya. Estoy preparando tu triunfal llegada- perdón, tu triste partida.

EL ENFERMO: ¿La mía?

EL SEPULTURERO: Bueno, la tuya, la mía, la nuestra, la de los dos, la de él. *(Indicando al viajero)*. En este caso viene a ser todo lo mismo.

EL VIAJERO: Tú pareces más dispuesto a morir que él.

EL SEPULTURERO: Ya sabes que yo siempre he sido muy práctico. Si no se puede vivir, hay que morir.

EL ENFERMO: (*Con obstinación)*. Pues, yo no me he muerto todavía.

(*Sale el médico, con unos papeles en la mano y se pone al lado de la cama*).

EL SEPULTURERO: No te hagas ilusiones. ¿Qué te ha dicho el médico?

(Mauro, el sepulturero, vuelve a cavar).

EL MÉDICO: Mauro, tenemos que hablar seriamente.

EL ENFERMO: El que tiene que hablar seriamente es usted, doctor. Yo ya no tengo por qué.

EL MÉDICO: *(Consultando las hojas que lleva).* Mauro, las noticias no son buenas.

EL ENFERMO: Los señores de la funeraria no compartirán su opinión.

EL MÉDICO: Desgraciadamente, así es. Ellos y nosotros pertenecemos a dos mundos distintos.

EL ENFERMO: Pero al final, ellos siempre ganan.

EL SEPULTURERO: *(Levantando la pala con un gesto victorioso).* ¡Pero ahora gano yo!

EL ENFERMO: *(Al sepulturero).* En tu caso, querido Mauro, que es el mío, ganar es lo mismo que perder. ¿Usted qué opina, doctor?

EL MÉDICO: No es cuestión de ganar o perder, Mauro. En mi profesión, al final siempre perdemos.

EL ENFERMO: ¿No le gustaría ganar alguna vez?

EL MÉDICO: *(Dirigiéndose a un punto lejano en el espacio, con algo de desesperación, también con algo de poesía).* Mi trabajo no es ganar. Mi trabajo es mejorar la vida. A eso me dedico. *(Pausa).* Día y noche. *(Pausa).* Me levanto temprano y, mientras desayuno, pienso en todo lo que podré hacer. Por la noche, mientras ceno, pienso en todo lo que no he podido hacer. *(Pausa).* Estudié doce años, Mauro, ¿has oído?, doce años para poder hacer lo que estoy haciendo.

EL ENFERMO: *(Pone la mano en el brazo del doctor).* No le estoy haciendo ningún reproche, doctor.

(Pausa. En el videoproyector aparece el texto: "¡Hipócrita!". Mauro retira la mano. El médico se retira tras el biombo. Se apaga el texto del videoproyector).

(Cambio a la vista: se retira el actor que representaba el rol del enfermo, levantándose de la cama, quitándose la chaqueta del pijama y entregándosela al actor que va a representar su papel. Este se la pone y se acuesta en la cama. Mientras tanto, el sepulturero hace mutis y en su lugar sale el actor que lo sustituye en ese rol, llevando la pala).

Cuadro segundo

Texto del videoproyector: "Cuadro segundo: la vida, la verdad y el tenis".

(Su otro yo sale en traje de tenis, con una raqueta en la mano. Empieza a jugar solo contra una pared (imaginaria) pero sin pelota).

EL ENFERMO: ¿Yo hipócrita?

EL SEPULTURERO: Sí, señor. Eres un hipócrita y un mentiroso.

EL ENFERMO: ¿Por qué? ¿Qué mentira he dicho?

EL SEPULTURERO: Como siempre, no has dicho toda la verdad. Eso se llama mentir.

EL ENFERMO: ¿Toda la verdad? *(Ríe)*. ¿Es posible decir toda la verdad? ¿Es necesario? ¿Oportuno? ¿Recomendable? ¿Qué sentido tiene estropearle el desayuno al médico?

EL SEPULTURERO: ¿No crees que en tu condición sería mejor buscar respuestas en lugar de hacer preguntas?

EL ENFERMO: ¿Y tú que acabas de hacer? *(Pausa)*. Por cierto, camarada, no olvides que mi condición es la tuya. Y si no lo crees, ¿por qué no cambiamos de sitio?

EL SEPULTURERO: De acuerdo, camarada. Yo no le tengo miedo a nada.

(El enfermo y el sepulturero cambian de indumentaria y de lugar. A partir de este momento los dos actores interpretan el otro rol).

EL SEPULTURERO: ¿Y? Contesta a la pregunta que te he hecho.

EL ENFERMO: La vida es breve, hay que elegir. Pobreza o riqueza. Yo elegí la riqueza. ¿Tristeza o alegría? Yo elegí la alegría. La vida o la verdad, no hay tiempo para las dos cosas. Yo elegí la vida.

EL SEPULTURERO: Lo contrario de la vida no es la verdad, es la muerte.

EL ENFERMO: Cuando estés muerto, cambiarás de opinión, ya lo verás. Yo elegí la vida, la muerte me eligió a mí.

SU OTRO YO: *(Dejando de jugar al tenis y aproximándose a la cama, pero sin que lo pueda ver el enfermo).* ¿O sea que piensas morir de la misma manera que viviste?

EL ENFERMO: *(Reflexivo).* ¡Hmmm! Me suena esa voz... Déjame pensar un momento... *(Con sarcasmo).* ¡Cuántas visitas tengo últimamente! ¡Señoras y señores, si han traído flores, pónganlas por allí, por favor, el cesto de fruta se lo llevará la enfermera a la cocina, el chocolate sobre la mesilla, por favor, desgraciadamente no podemos aceptar ni alcohol ni tabaco, muchas gracias, son ustedes muy amables! *(Pausa. Dejando el sarcasmo).* Me imagino que tú también eres Mauro.

SU OTRO YO: Soy otro Mauro.

EL SEPULTURERO: ¿Otro? ¡Aquí sólo hay sitio para uno! Oiga, ¿cuántos somos?

SU OTRO YO: *(Al sepulturero).* No te preocupes, una sepultura es más que suficiente. Cuando él se muera, tú y yo ya no estaremos.

(Al enfermo). Por cierto, no contestaste a mi pregunta.

EL ENFERMO: Ten piedad con la memoria de este moribundo y repítemela.

SU OTRO YO: Que si quieres arroz...

EL ENFERMO: Esa no era la pregunta, estoy seguro.

SU OTRO YO: Ahora lo es.

EL ENFERMO: ¿Las preguntas cambian con el tiempo?

SU OTRO YO: ¿Hay alguna razón para que no cambien? Las preguntas cambian, las respuestas cambian, la vida cambia, tú cambias, yo cambio.

EL ENFERMO: Yo nunca he cambiado.

SU OTRO YO: Sí que has cambiado. Antes querías ser como yo, ahora ya no.

EL ENFERMO: Tú ahora tampoco querrías ser como yo. A mí, todavía me gustaría ser tú. Eres mejor que yo.

Su otro yo: Pudiste ser mejor de lo que has sido pero no lo fuiste. ¿Por qué?

El enfermo: No quise.

Su otro yo: Eso es tan falso como decir que no tuviste valor.

El sepulturero: Ya sabes que nosotros sólo hablamos por hablar.

Su otro yo: Hablar es como jugar al tenis, la pelota va de un lado a otro y al final, alguien pierde.

El enfermo: ¿Y esta vez, quién pierde?

El sepulturero: Tú.

El enfermo: Tú.

Su otro yo: Yo.

(El enfermo se levanta de la cama, su otro yo toma su lugar. El enfermo va hacia la celda y empieza a ponerse el traje de rayas de prisionero. El sepulturero hace mutis).

Cuadro tercero

Texto del videoproyector: "Cuadro tercero: la vida, el universo y el metro".

(Sale Helena y se sienta enfrente de Mauro el viajero).

ALTAVOZ: *[Señal acústica del metro] Próxima estación: Gran Vía.*

HELENA: Fue aquí, en esta línea de metro, donde nos conocimos.

EL VIAJERO: ¿Cómo fue nuestro encuentro? No me acuerdo muy bien.

HELENA: Tu memoria es tan mala como tu conciencia.

EL VIAJERO: Refréscame la memoria, de mi conciencia me ocuparé yo mismo.

HELENA: Te pregunté que qué estabas leyendo.

EL VIAJERO: ¿Yo iba leyendo?

HELENA: Sí, pero no te dejé seguir. Quería hablar contigo. *(Pausa)*. ¿Qué estás leyendo?

EL VIAJERO: Un libro sobre el universo.

ALTAVOZ: *[Señal acústica del metro] Próxima estación: Sol. Conexión con todas las líneas.*

HELENA: Cuando yo te conocí, ya estabas leyendo ese libro.

EL VIAJERO: Este libro es lo único en el mundo que no tiene fin.

HELENA: Yo quería que lo nuestro fuera como el libro.

EL VIAJERO: ¿Cuál es la diferencia entre el libro y nosotros?

HELENA: Tú.

El viajero: ¿Yo?

Helena: Tú siempre has sido la diferencia entre los dos.

El viajero: No es la primera vez que me lo dices y sigo sin entenderlo.

Helena: Siempre te ha costado entender lo que yo te decía, pero algún día lo entenderás.

El enfermo: Pues, si no es hoy, ya es tarde. ¿No va siendo hora de que me lo expliques?

El viajero: ¿No va siendo hora de que me lo expliques?

Helena: Lo siento, Mauro, hay cosas que se explican y otras que se entienden.

El viajero: Y esta debe ser una de las últimas, me imagino.

Altavoz: *[Señal acústica del metro]* Próxima estación: Puerta Latina. Final de trayecto.

Helena: *(Levantándose)*. Hace años deberías haber hecho el esfuerzo de entenderlo. En aquella época yo estaba dispuesta a ayudarte. Ahora, ya no.

(Helena se levanta y se retira detrás del biombo. El viajero se acuesta en el suelo y cierra los ojos).

Cuadro cuarto

Texto del videoproyector: "Cuadro cuarto: el crimen, la libertad y la sopa".

(El prisionero está sentado en una banqueta, vestido de prisionero y está comiendo una sopa de un plato de metal. Entra la abogada).

LA ABOGADA: ¿Cómo estás, Mauro?

EL PRISIONERO: Perfectamente. *(Enseñándole el plato, irónico).* ¿Usted gusta?

LA ABOGADA: Gracias, muy amable, Mauro, pero ya he comido.

EL PRISIONERO: *(Indicando el plato).* Yo que usted, diría lo mismo.

LA ABOGADA: Necesito que me digas la verdad, Mauro, si no, no te puedo ayudar.

EL PRISIONERO: ¿La verdad?

LA ABOGADA: Ya sé qué me quieres decir, que la verdad no existe, que es subjetiva...

EL PRISIONERO: Se nota que es usted un excelente profesional.

LA ABOGADA: Y tú un perfecto idiota. ¿Cuánto tiempo quieres pasar aquí?

EL PRISIONERO: La sopa no es muy buena, pero por lo demás...

LA ABOGADA: Por lo demás, ¿qué? ¿Por lo demás no estás mal aquí? ¿Tranquilo? ¿Sin mayores preocupaciones? ¿Te cuidan bien?

EL PRISIONERO: No me quejo.

LA ABOGADA: ¿Y la sopa?

EL PRISIONERO: Puede que mañana sea mejor.

LA ABOGADA: La sopa, sí. Tu vida aquí, no.

EL PRISIONERO: Siempre hay un día después de mañana.

LA ABOGADA: Para ti, no. Siempre habrá alguien que se acordará de ti. No vivirás ni un solo día en paz. Cada día te levantarás con el miedo de que alguien te descubra. Tendrás miedo hasta el día de tu muerte.

EL PRISIONERO: ¿Qué me propone?

LA ABOGADA: Confiesa. Di: lo hice. Pide perdón. Habla contigo mismo. No te escondas. No te apuntes a un menú de sopa durante 20 años.

EL PRISIONERO: ¿Usted conoce al cocinero?

LA ABOGADA: *(Extrañada).* ¿Cómo?

EL PRISIONERO: Es un chico de apenas veinte años. Le espera una carrera de cuarenta o cincuenta años. Yo saldré de aquí antes que él.

LA ABOGADA: Yo también. Adiós, Mauro.

(La abogada hace mutis. El prisionero se acuesta en el suelo y cierra los ojos).

Cuadro quinto

Texto del videoproyector: "Cuadro quinto: la vida y la muerte sin desayuno y sin sopa".

(Sale el médico. Mira al enfermo que tiene los ojos cerrados. Sale el sepulturero y empieza a cavar).

EL MÉDICO: Mauro, ¿estás despierto?

EL ENFERMO: Sí, pero no sé por cuánto tiempo.

EL SEPULTURERO: ¡Ya casi termino!

EL ENFERMO: *(Con ironía).* Toda la vida cavando y ¿para qué?

EL SEPULTURERO: Sé razonable. ¿Quieres que empiece a cavar *después* de muerto?

EL MÉDICO: ¿Cómo te sientes?

EL ENFERMO: Ligero. *(Pausa).* Pesado. *(Pausa).* Tranquilo. *(Pausa).* Acelerado.

EL SEPULTURERO: Amplio. *(Pausa).* Profundo. *(Pausa).* Real. *(Pausa).*

EL MÉDICO: ¿Puedo hacer algo por ti?

(El enfermo tiene los ojos cerrados y no contesta).

EL SEPULTURERO: Lo único que hay que hacer ahora, lo estoy haciendo yo.

(Deja la pala en el suelo y se acuesta al lado. Cierra los ojos. El médico recorre el escenario y echa un vistazo al prisionero, al viajero, al sepulturero y otra vez al enfermo. Luego, saca un bolígrafo del bolsillo y traza una gran cruz sobre los papeles que lleva. Después, hace mutis).

(En el retroproyector aparece el texto: "Se acabó la sopa". Después de unos segundos, este texto se sustituye por la palabra **TELÓN***).*

Feliz cumpleaños

Reparto

Narrador	______________
Elvira, madre de Julia y Fernando	______________
Joaquín Santos, padre de Julia y Fernando	______________
Fernando, hijo menor de Elvira y Joaquín	______________
Daisy, muchacha de servicio	______________
Julia, hija mayor de Elvira y Joaquín	______________
Pablo, amigo de Julia	______________
David, amigo de Julia	______________

Dirección	______________
Regiduría	______________
Escenografía	______________
Vestuario	______________
Maquillaje	______________
Luz	______________
Sonido	______________
Apuntador	______________

La acción transcurre a mediodía en casa de la familia Santos.

(Al comenzar la obra, en uno de los dos sillones está sentado Fernando, con los ojos cerrados, escuchando música en un iPod).

NARRADOR: *(Tranquilamente, entra en escena, echa un vistazo a los muebles, mueve una de las sillas de la mesa como para ponerla en su sitio, coge el marco con la foto que está en la mesita, la mira y la vuelve a poner en su sitio, luego se dirige al centro del escenario y mira al público).*

Buenos días. Hoy es el cumpleaños de Fernando, el hijo menor de la familia Santos. Ya está casi todo listo para el almuerzo. Sólo falta poner la mesa.

(Elvira y Daisy entran desde la cocina con un mantel, servilletas, platos, cubiertos y vasos).

NARRADOR: *(Indicando a la madre).* Les presento a Elvira, la mamá de Fernando. Una buena señora, realmente un encanto, siempre quiere lo mejor para todos.

ELVIRA: *(Mirando furiosa al narrador).* ¿Usted otra vez aquí? ¿No tiene nada mejor que hacer? ¿Quién le ha invitado?

NARRADOR: *(Sin hacerle caso a Elvira, indicando a Daisy).* Y Daisy, la muchacha que le ayuda en la casa. Lleva sólo un mes trabajando para la familia y ya está enamorada del "señorito"...

DAISY: *(Riéndose, medio en serio, medio bromeando).* ¡Uy, señor, qué cosas dice! ¡Eso es mentira! *(Pasando a su rol como muchacha).* Entonces, ¿para cuántas personas pongo la mesa, señora, para tres como siempre o para cuatro?

ELVIRA: No, para cinco, Daisy, para cinco, es que yo creo que Julia va a traer compañía...

(Se sienta en uno de los sillones y mira la foto, tiene una mirada melancólica).

Estoy segura de que hoy va a venir...

DAISY: Sí, señora.

(Empieza a poner la mesa).

NARRADOR: *(Al público, repitiendo, entre irónico y compasivo, las últimas palabras de Daisy).* Sí, señora. Venir, vendrá, pero ya veremos cómo, con quién...

ELVIRA: *(Se levanta y revisa la mesa).* Quiero que todo esté en orden...

DAISY: Sí, señora.

ELVIRA: ¿Sabes cuánto tiempo hace que no viene mi hija?

NARRADOR: *(Hace un gesto para "congelar" la acción, Elvira y Daisy se "congelan", es decir, se quedan inmóviles).* Un momento Daisy, no contestes todavía, analicemos un momento la pregunta. *(Al público).* ¿Daisy puede saber cuánto tiempo hace que no viene Julia? No, claro que no, si sólo lleva un mes en esta casa. ¿Entonces? ¡Claro! Elvira no está preguntando, Elvira sólo está buscando un pretexto para que después ella pueda contestar a esta pregunta de Daisy.

(El narrador hace un gesto para "poner en marcha" a Elvira y Daisy que vuelven a moverse como antes).

DAISY: ¿Mucho tiempo, señora?

ELVIRA: Muchísimo tiempo, Daisy... Demasiado tiempo...

(Se sienta en uno de los sillones, reflexiona). Joaquín está cumpliendo hoy dieciocho años, es decir que Julia ya lleva... ocho años fuera de casa...

DAISY: Si, señora.

ELVIRA: Mira, esta foto es de cuando Julia cumplió 18 años. Qué guapa, ¿no? Hace un año o dos la nombraron directora de... de... ¿cómo se llama eso...

(Dirigiéndose a Fernando). Hijo, ¿cómo se llama lo de Julia?

(Fernando no la oye. Elvira le toca el brazo y Fernando abre los ojos, molesto por no poder seguir escuchando la música).

¿Qué cómo se llama lo de Julia?

FERNANDO: (*Quitándose los auriculares)* ¿De qué me está hablando, madre?

ELVIRA: ¿Cómo se llama el departamento donde está trabajando Julia?

FERNANDO: *Marketing.* ¿Por qué?

ELVIRA: Ah, claro, *marketing. (Dirigiéndose otra vez a Daisy).* Julia es directora de marketing.

(Fernando vuelve a escuchar su música).

DAISY: Si, señora.

(Entra Joaquín, a medio vestir; pantalones, una camisa arrugada, corbata sin anudar y descalzo. Está furioso).

JOAQUÍN: ¡En esta casa no se encuentra nada! ¡¿Dónde diablos están mis calcetines azules?! ¿Y mis zapatos nuevos? ¡¡Y esta camisa está mal planchada!!

NARRADOR: *(Riñéndole, pero en tono tranquilo).* Pero don Joaquín, qué manera de hablar... ¿Su mujer se merece que usted le hable así? Venga, eso se puede hacer mucho mejor, ¿no cree?

JOAQUÍN: *(Protestando, aunque débilmente).* Pero si yo soy el padre de familia...

(El narrador le mira de manera irónica y severa, hace un gesto para indicar que tiene que salir).

NARRADOR: Salga, por favor y hágalo de nuevo.

JOAQUÍN: Bueno, de acuerdo, ya me voy pero que conste que esto no me gusta nada... *(Sale refunfuñando y después de dos o tres segundos entra otra vez, ahora de buen humor y hablando amablemente).*

Elvira, mi amor, ¿tú sabes dónde están mis calcetines azules y mis zapatos? No los encuentro en ninguna parte. ¿Y alguien me podría planchar esta camisa, por favor?

NARRADOR: Mucho mejor, don Joaquín, mucho mejor, pero por favor, no exagere.

ELVIRA: *(A Daisy).* Daisy, hazme un favor, busca los calcetines y los zapatos del señor. Y búscale también una camisa planchada.

DAISY: Sí, señora. *(Ella y Joaquín hacen mutis).*

ELVIRA: *(Dirigiéndose a Fernando que ya ha dejado de escuchar música).* ¿Sabes qué, hijo? Me alegro de que Julia venga hoy.

FERNANDO: *(Escéptico).* ¿Ah sí? Pues ya era hora, ¿no?, después de tantos años. ¿Cuántos años hace que no viene a casa? ¿Cincuenta y siete? ¿Trescientos cuarenta y dos?

ELVIRA: ¿Por qué siempre exageras tanto, Fernando? Ella tomó la decisión de irse de casa porque...

FERNANDO: *(Interrumpiendo).* No me interesa por qué se fue. No me lo dijo entonces y ahora ya no quiero saberlo.

ELVIRA: Pero hoy viene a verte a ti. Mira, Fernando, no deberías hablar así de tu hermana. Y menos en tu cumpleaños. Tengamos la fiesta en paz, por favor.

FERNANDO: ¿Y cómo quieres que hable de mi hermana, mamá? ¿Quieres que diga: ay, mi pobre hermanita, se fue de casa hace ocho años y desde entonces ha estado tan ocupada que no ha podido visitarnos ni una sola vez? ¡Ni una sola vez! Solamente te llamó una vez...

ELVIRA: Sí, mi amor, y fíjate, desde Pekín nada menos, es que tenía un importante congreso allí...

FERNANDO: *(Sarcástico).* Importantísimo, claro, para ella todo es más importante que nosotros.

NARRADOR: *(Al público).* ¿Qué les parece? ¿Estamos viendo aquí un caso agudo de amargura, de rencor...? Pronto lo sabremos, porque Julia ya está a punto de llegar. Escuchen.

(Hace un gesto de atención para que el público escuche y, efectivamente, en ese momento suena un timbre. Enfatizando la palabra «podría»*).*

Ahora bien, mucha atención, la siguiente escena podría ser así:

ELVIRA: *(Llamando a Daisy).* Daisy, por favor, abre la puerta, debe ser Julia.

DAISY: Sí, señora, ya voy.

JOAQUÍN: *(Entra, con zapatos esta vez, una camisa planchada y terminando de anudarse la corbata).* ¿Ya ha llegado Julia?

ELVIRA: Sí, mi amor, debe ser ella.

JOAQUÍN: Seguro que ha cambiado mucho, después de tantos años...

(Entran Julia y Pablo. Julia lleva un regalo. Daisy entra también y se queda al lado de la puerta de la cocina).

JULIA: *(Saluda a su madre, a su padre y a Fernando respectivamente).* Hola, mamita, qué gusto verte. Te ves muy bien, ¿sabes? Hola, papá, me alegro de saludarte, ¿cómo estás? Fernandito, feliz cumple, qué grande estás, ¿cómo te va todo? Mira, esto es para ti.

FERNANDO: Muchas gracias, Julia.

JULIA: *(Dirigiéndose a Pablo).* Corazón, te presento a mis papis. Papá, mamá, este es Pablo, mi novio.

(Pablo saluda a Elvira y a Joaquín).

PABLO: Mucho gusto, señora, encantado de conocerla.

ELVIRA: Igualmente, joven, me alegro que Julia venga tan bien acompañada.

PABLO: Señor Santos, mucho gusto. Julia me ha hablado mucho de ustedes.

JOAQUÍN: Encantado, Pablo, estás en tu casa.

JULIA: Pablo, mira, este es mi hermanito Fernando.

PABLO: Hola, Fernando, ¿qué hay?

FERNANDO: Hola, ¿cómo estás?

PABLO: Y feliz cumpleaños. ¿Cuántos estás cumpliendo?

FERNANDO: Dieciocho.

(Un silencio incómodo).

JOAQUÍN: *(Exageradamente amable e interesado, decidido a mantener la conversación).*

Dime, Pablo, ¿a qué te dedicas?

PABLO: Soy corredor.

JOAQUÍN: ¿Ah sí? ¿Qué distancia?

PABLO: No, corredor de bolsa.

JOAQUÍN: ¡Ah!

JULIA: Bueno, ahora que estamos todos aquí, os comunico que Pablo y yo nos casaremos el próximo mes.

(Elvira felicita a los dos. Fernando hace lo mismo, a regañadientes).

JOAQUÍN: ¡Estupendo! ¡Enhorabuena a los dos! ¡Eso hay que celebrarlo!

(Coge la botella de champán que Daisy ha puesto sobre la mesa pero el narrador interviene).

NARRADOR: Espere un momento, don Joaquín, yo les he dicho que la escena *podría* ser así. Hágame un favor y entregue la botella a Daisy.

JOAQUÍN: ¿Por qué?

NARRADOR: Porque lo digo yo.

JOAQUÍN: Pero ¿por qué? Si todo está bien, somos felices, ... ¿No podemos ni siquiera tomarnos una copita de champán?

NARRADOR: No, todavía no. Primero vamos a ver la escena otra vez así que, háganme todos un favor: Julia y Pablo, vosotros salís a la calle y dentro de un minuto volvéis a tocar el timbre.

JULIA y **PABLO:** Sí, señor.

(Julia y Pablo hacen mutis).

NARRADOR: Bien. Ahora, Don Joaquín vuelve a su habitación *(Indica la dirección).* ¡Eh! la botella, por favor! *(Joaquín se la da a Daisy que desparece con ella en la cocina, Joaquín hace mutis).* Y ahora, Elvira y Fernando se sientan otra vez allá. *(Indica los sillones, Elvira y Fernando se vuelven a sentar. El narrador, mirando alrededor suyo para comprobar si todo está en orden, corrige la posición de una o dos sillas, luego, en dirección de la cocina).* Daisy, ¿estás allí?

DAISY: *(Voz en off).* ¡Sí, señor, estoy aquí!

NARRADOR: ¿Lista?

DAISY: *(Voz en off).* ¡Lista!

NARRADOR: Perfecto, todo en orden, veamos entonces la misma escena otra vez. ¡Atención, por favor! ¡Timbre!

(Suena el timbre).

ELVIRA: *(Llamando a Daisy).* Daisy, por favor, abre la puerta, debe de ser Julia.

DAISY: *(Sale de la cocina).* Sí, señora, ya voy.

JOAQUÍN: *(Entrando, otra vez con la camisa arrugada de antes, sin corbata, descalzo).*

¿Qué? ¿Son ellos? ¿Ya han llegado? ¡Diablos! ¡Qué pronto! Ni siquiera me he vestido.

ELVIRA: Venga, Joaquín, date un poco de prisa, tú siempre tan lento...

JOAQUÍN: ¿Acaso tengo yo la culpa de que...

(Joaquín se calla cuando entra Julia, de la mano de David que lleva un paquete bastante grande).

JULIA: *(Con tono despreocupado, tirando a irónico).* ¡Hola a todos! *(Mirando a su padre que, en vano, intenta arreglarse la camisa).* ¡Hola, papá! ¿Te acabas de levantar o ibas a salir?

JOAQUÍN: No, hija, no, es que-

JULIA: *(Interrumpiéndole).* Bueno, os presento a David, mi amigo. Corazón, éstos son mis padres.

DAVID: Hola, ¿qué tal?

ELVIRA: Julia, hija, déjame que te abrace, hace tanto tiempo que no nos vemos, estás guapísima.

JULIA: *(Reticente).* Sí, madre. *(La abraza pero claramente con pocas ganas. Dirigiéndose a Fernando).* Hermano, feliz cumpleaños, mira, te hemos traído un regalito.

DAVID: *(Le da un abrazo a Fernando y le entrega el paquete).* Feliz cumpleaños, Fernando.

FERNANDO: Muchas gracias. No deberíais haberos molestado.

JULIA: ¿No lo vas a abrir?

FERNANDO: Sí, claro. *(Saca el papel. Sale un cuadro abstracto).* ¡Precioso! Me encanta. Muchas gracias.

DAVID: Lo pinté yo.

JULIA: *(Dirigiéndose a sus padres).* ¿Qué os parece? Fenomenal, ¿no? David es todo un artista. En casa le hemos hecho su propio taller.

ELVIRA: ¿En casa?

JULIA: Sí, claro, en casa. Llevamos más de un año viviendo juntos.

JOAQUÍN: ¿Ah sí? No lo sabíamos.

JULIA: No, claro, es que últimamente no hemos hablado mucho, ¿verdad?

NARRADOR: *(Interrumpiendo).* Disculpa, Julia, ¿qué quieres decir con "últimamente"?

JULIA: Pues eso, últimamente, los últimos años, digamos. *(Pausa).* Bueno, los últimos cuatro o cinco años.

NARRADOR: ¿Cuatro o cinco?

JULIA: Mmmm... Ocho.

NARRADOR: Ah bueno, entonces estamos de acuerdo. *(Volviéndose al público).* Pero, señoras y señores, sigamos, no nos quedemos en los saludos. Imagínense que ha pasado media hora, no, más, quizás una hora, están todos sentados a la mesa, ya se han comido el primer plato, el segundo plato, y ahora van a tomar un delicioso postre: natillas. *(A los actores).* Siéntense, por favor.

(Todos se sientan a la mesa. Daisy entra con una bandeja con cinco platos de postre y los reparte. Todos empiezan a comer. Daisy, al volver a la cocina, le hace un gesto al narrador como para disculparse de que no haya postre para él).

Muy bien, señores, ahora sólo faltan dos cosas: la botella de champán y un tema de conversación. ¡Daisy!

(Daisy sale de la cocina).

DAISY: ¿Sí, señor?

NARRADOR: Daisy, ¿nos haces un favor y nos traes la botella de champán?

DAISY: Sí, señor, con mucho gusto.

NARRADOR: Bueno, a ver, el tema de conversación. ¿Sugerencias?

FERNANDO: Yo tengo una propuesta.

JOAQUÍN: Bueno, como es tu cumpleaños, te dejamos.

ELVIRA: *(A Joaquín)*. Joaquín, no te metas en esto.

FERNANDO: ¿Puedo?

JULIA: Venga, hermanito, ¿cuál es tu propuesta?

FERNANDO: Mientras los demás toman champán y buscan un tema de conversación, tú y yo hablamos.

JULIA: De acuerdo.

NARRADOR: *(A Julia y Fernando)*. Entonces, venid para acá. *(Les indica un lugar en el centro del escenario, cerca del público y los pone frente a frente)*. Y ustedes... *(dirigiéndose a Elvira, Joaquín y David)* mientras tanto, busquen un tema de conversación, de acuerdo?

ELVIRA: *(Al narrador, furiosa)*. ¡Usted siempre con esas ideas tan extravagantes!

NARRADOR: *(Imperturbable)*. Y ahora un poco de champán.

(Entra Daisy con la botella, abierta, y cinco copas. Las pone en la mesa y el narrador sirve el champán).

Bueno, pues, adelante.

(Elvira, Joaquín y David empiezan a hablar, pero en completo silencio, sólo con gestos y moviendo los labios).

Bueno, Fernando, dispara.

(Fernando y Julia pronuncian las frases de la próxima escena todas seguidas, sin pausas y a la mayor velocidad, casi como si no estuvieran hablando el uno con la otra).

FERNANDO: Hace ocho años, te fuiste.

JULIA: Hace ocho años estaba sola en esta casa.

FERNANDO: Me dejaste solo en esta casa.

JULIA: Los dos estábamos solos pero yo pude irme.

FERNANDO: Me estoy asfixiando.

JULIA: Hace ocho años yo tenía tu edad.

FERNANDO: No sé adónde ir.

JULIA: Yo me fui y no sabía adónde.

FERNANDO: Te he echado de menos.

JULIA: Soy tu hermana.

FERNANDO: ¿Quién es David?

JULIA: Le amo. El me ama.

FERNANDO: A mí, ¿quién me ama?

JULIA: Algún día lo sabrás.

(Se oye un timbre, como en los concursos de televisión).

NARRADOR: Se acabó el tiempo. Sentaos, por favor.

(Elvira, Joaquín y David terminan su conversación muda. Fernando y Julia vuelven a sentarse a la mesa).

ELVIRA: *(Con entusiasmo).* ¡No os podéis imaginar la conversación tan interesante que hemos tenido! David es un conversador genial, ¡nos ha contado unas anécdotas interesantísimas!

JOAQUÍN: *(Con entusiasmo).* ¡Este chico es realmente fantástico! Sabe de todo: pintura, música, literatura, cocina, astrología, deportes...

FERNANDO: Una verdadera wikipedia sobre dos patas...

JULIA: *(A Fernando).* Todos tenemos dos patas, a ver qué haces tú con las tuyas. *(A David).* ¿Nos vamos?

DAVID: *(A Elvira y Joaquín).* Ha sido un placer. Ya saben, les esperamos un día de estos en casa, quiero enseñarles mis cuadros. Por cierto, ¿les conté que un día conocí a Miquel Barceló?

JOAQUÍN: ¿A quién?

JULIA: Nos vamos, papá. Que te vaya bien.

(Julia abraza a sus padres).

JOAQUÍN: Adiós, hija, gracias por tu visita.

ELVIRA: Me ha encantado verte, Julia.

JULIA: *(A Fernando)*. Nos vemos, hermanito. *(Se abrazan)*.

DAVID: *(A Fernando)*. Hasta luego, hermanito.

(Julia y David hacen mutis).

NARRADOR: ¿Y ahora qué?

(Elvira, Joaquín y Fernando le miran y se encogen de hombros).

Bueno, ustedes dos *(mirando a Elvira y Joaquín)* pueden ir a echar una siesta y tú, Fernando, ¿por qué no vas a dar un paseo?

FERNANDO: ¿Un paseo?

NARRADOR: Sí, un paseo, para ejercitar tus patas.

(Elvira, Joaquín y Fernando salen, al parecer un poco contra su voluntad. Después, el narrador se dirige al público).

FERNANDO: Ya está. Ya ha terminado el almuerzo. ¿Conclusiones? Las que ustedes quieran. *(Pausa)*. ¿Moraleja? La que ustedes quieran. A mí no me pregunten, yo aquí sólo soy el policía de tráfico. *(Pausa)*. Tengo sed.

(Va hacia la mesa y mira en la botella de champán).

¡Daisy!

DAISY: *(Saliendo de la cocina)*. ¿Sí, señor?

NARRADOR: Por favor, tráeme una copita, voy a tomar un poco de champán.

(Daisy sale y vuelve enseguida con una copa).

No quedará postre, ¿verdad?

DAISY: No, señor, lo siento.

(El narrador se sienta a la mesa, llena la copa, la levanta en dirección al público para brindar. Vacía la copa, vuelve a llenarla, pone las piernas en la mesa y cierra los ojos).

TELÓN

Mermelada de fresa

Reparto

Romeo	________________
Julieta	________________
Clienta 1	________________
Cliente 2	________________
Clienta 3	________________
Flaminio Flautero Flechas, vecino de Julieta	________________
Súperman	________________
Don Corleone, padre de Julieta	________________
Dos guardaespaldas de Don Corleone	________________
Altavoz (voz en off)	________________

Dirección	________________
Regiduría	________________
Escenografía	________________
Vestuario	________________
Maquillaje	________________
Luz	________________
Sonido	________________
Apuntador	________________

La acción transcurre en un supermercado.

(Romeo está paseando entre los estantes, mirando en dirección a las cajas, evidentemente está esperando a alguien. De vez en cuando coge algo, para disimular, pero lo devuelve a su sitio. Los tres clientes se mueven también entre los estantes, cesta en mano, mirando artículos).

ALTAVOZ: Estimado cliente, bienvenido a nuestro supermercado donde encontrará una amplia gama de los mejores productos. Esta semana, le ofrecemos: papel higiénico, el más suave, tamaño familiar, una superpresentación de doce rollos con ¡¡¡dos rollos gratis!!! Y como superoferta de la semana: mermelada de fresa de la mejor marca, dos frascos por el precio de uno. Aproveche esta oportunidad única.

(Después de la voz, entra una música suave, tipo música para planchar. Entra Julieta, con una cesta colgada del brazo. Ella tiene la costumbre de no siempre terminar sus frases, como si de repente pensara en otra cosas, más alejadas de este mundo. Los dos hablan por encima de un estante, mirando a veces a otro lado, como si no quisieran ser vistos juntos, evidentemente en vano).

ROMEO: Hola, Julieta, mi amor, ¿cómo estás hoy?

JULIETA: Tenía muchas ganas de verte, Romeo, y de –

ROMEO: Yo también. ¿Sabes qué pasó anoche?

JULIETA: No, ¿qué pasó?

ROMEO: Mis padres se pusieron a hablar de tu familia.

JULIETA: ¿Y qué dijeron?

ROMEO: Que son unos cretinos, unos delincuentes y unos sinvergüenzas.

(Los dos se ríen a carcajadas).

JULIETA: ¿Y sabes qué piensan?

ROMEO: ¿Quiénes?

JULIETA: Mis papás.

ROMEO: ¿De quiénes?

JULIETA: De los tuyos.

ROMEO: No, dime.

JULIETA: Que son unos criminales, unos miserables y unos asesinos y...

(Los dos se ríen otra vez a carcajadas).

ROMEO: ¿Sabes? Es asombroso que tú seas miembro de esa familia de cretinos, delincuentes y sinvergüenzas.... ¡¡¡ja ja ja ja ja!!!

JULIETA: ¡¡¡¡¡Y yo no puedo creer que tú seas un criminal, un miserable y un asesino!!!!! ¡¡¡¡¡Ja ja ja ja ja!!!!! ¡¡¡Y un- ... jajaja!!!

ROMEO: *(Bromeando).* ¡¡¡Sinvergüenza!!!

JULIETA: *(Bromeando).* ¡¡¡Miserable!!!

(Los dos se ríen y se cogen de la mano por encima del estante. Se acerca la clienta 1).

CLIENTA 1: *(A Romeo).* Disculpe, señor, es que no encuentro el azúcar...

ROMEO: Mire, señora, allí. *(Lo indica).*

CLIENTA 1: *(Poniendo una mano detrás de la oreja, resulta ser algo sorda).* ¿Cómo dice?

ROMEO: *(Hablando un poco más alto).* Allí, al lado de la sal.

CLIENTA 1: Disculpe, no le oigo bien. ¿Cómo ha dicho: detrás de la mostaza?

ROMEO: *(Extrañado).* ¿Cómo?

CLIENTA 1: ¿Cómo dice?

ROMEO: No, señora, detrás de la mostaza, no, allí está el atún.

CLIENTA 1: ¿El atún? ¿Está usted seguro? ¿Desde cuándo el atún está detrás de la mostaza? ¡Eso ya es el colmo! ¡Detrás de la mostaza! ¿Quién lo va a encontrar?

(Romeo le tapa la boca a la clienta con la mano, la lleva al estante y le pone un paquete de azúcar en la mano).

ROMEO: *(Hablando de forma brusca).* Tome, azúcar. ¿Algo más? ¿Acaso le indico dónde está la caja?

CLIENTA 1: *(Indignada).* ¿Por qué? ¿Acaso cree que estoy loca?

(La clienta 1 sigue dando vueltas por el supermercado).

JULIETA: ¿Romeo?

ROMEO: ¿Sí, mi amor?

JULIETA: ¿Tú crees que algún día...?

ROMEO: ¿Que algún día... qué, Julieta?

JULIETA: ¿Qué algún día... en el futuro... nos podremos...?

CLIENTE 2: (*Llevaba ya un tiempo poniéndose y quitándose las gafas para ver mejor, lleva un frasco de mermelada en la mano, se dirige a Romeo).* Oiga, señor, perdone, es que yo ya no veo muy bien, aquí, ¿qué pone?: ¿fresa o frambuesa?

ROMEO: *(Sobreponiéndose a su impaciencia).* Aquí pone cereza, señor.

CLIENTE 2: (*Sorprendido.*) ¿Cereza?

ROMEO: (*Un poco irritado.*) Sí, señor. Cereza.

CLIENTE 2: ¿Está usted seguro? ¿Cereza?

ROMEO: (*Más irritado.*) Cereza, señor. (*Deletrea.*) c-e-r-e-z-a. ¡¡Cereza!!

CLIENTE 2: Es que, la verdad, uno diría que más bien parece... mermelada de fresa... ¿no?

ROMEO: ¡No, señor! De ninguna manera. Esto no sólo parece mermelada de cereza, lo es. Además, aquí lo pone: "mermelada de cereza". ¿Lo ve?

CLIENTE 2: No, señor, quiero decir, sí, señor, muchas gracias. Perdone la molestia.

ROMEO: *(Ya un poco menos molesto).* De nada, no se preocupe. *(A Julieta).* ¿De qué estábamos hablando?

JULIETA: Yo te preguntaba si... algún dia... nos podremos...

ROMEO: Julieta, te suplico: cuando me hablas, termina tu frase, por favor, es que si no, no sé a qué te refieres. ¿Vale?

JULIETA: Sí, mi amor. Pero sabes, lo que pasa es que a veces-

ROMEO: ¿Sí? *(Pausa)*. Que a veces ¿qué?

(Sale intempestivamente Flaminio Flautero Flechas, desde detrás de un estante, aparentemente ha estado espiando a Romeo y Julieta. Hablando siempre en tono exageradamente amable, falso e irónico, se dirige a Julieta).

FLAMINIO: ¡Buenas tardes, señorita Capuleto! ¿Cómo está usted?

JULIETA: *(Tartamudeando de puro susto)*. ¡D... D... D... Do... Don... Don... Fl... Fla... Fla.... Don Flavio!

FLAMINIO: Flaminio es el nombre, señorita Capuleto. Flaminio. *(Se arregla el bigote, después, mirando a Romeo)*. ¿Y con quién tengo el gusto? ¿Un amiguito suyo?

ROMEO: *(Haciendo un reverencia a la antigua usanza)*. Romeo Julián Vicente Montesco Heredia de la Fuente Manzano, para servirle.

FLAMINIO: *(Impresionado, intenta imitar la reverencia, pero por poco se cae)*. Flaminio Flautero Flechas, modesto pero honrado vecino de la ilustre familia Capuleto, orgullo de esta villa, guardián de las buenas modales.

ROMEO: ¿Guardián de las buenas modales? ¿De las suyas, de las mías, de las de la señorita Julieta?

FLAMINIO: De las de esta hermosa villa y, en especial, las de mis ilustres vecinos, la familia Capuleto. *(Recuperando algo de su anterior ironía, se dirige a Julieta)*. Así que... de compras, ¿verdad, señorita Julieta? ¿Ayudándole a su señora madre? ¡Qué bien! Y, ¿qué lleva usted ahí? Déjeme ver... *(saca un frasco de mermelada de la cesta que lleva Julieta)*. ¡Anda! ¡Mermelada de fresa! ¿Y esto, qué es? *(saca un paquete de chicles)*. ¡Chicles! ¿Y esto? ¡Una caja de fósforos! Ya veo, señorita Capuleto, que usted es una gran ayuda en la casa. ¿Quiere que le ayude a llevarlo? Debe pesar muchísimo todo lo que usted lleva ahí, ¿verdad? Al fin y al cabo, yo soy su vecino, y dígame, ¿para qué sirven los vecinos si no nos ayudamos de vez en cuando? Yo se lo llevo a casa y cuando lleguemos allí, conversamos un rato con su papá...

JULIETA: *(Asustado, gritando de forma exagerada como si hubiera visto un fantasma).* ¡¡¡No!!! *(Se retoma).* No, Don Flautius, muchas gracias, no es necesario, se lo agradezco, pero-

FLAMINIO: Pero... ¿qué? ¿Ya tiene quien le lleve las cosas, no es así? ¡Dígame si es así o quiere que hable con su señor padre? ¿Quiere que le diga (*Imitando la forma lisonjera de hablar con un superior.*) Don Corleone, imagínese, qué casualidad, esta tarde fui al supermercado y me encontré con su hija Julieta. Le quería ayudar porque la chica es tan débil, tan delgada, no tiene fuerzas, y de repente vi que estaba hablando con... ¿se lo digo, don Corleone?, con el hijo de su archienemigo Montesco, ese Romeo, ese chico tan ... *(mientras dice esto, agarra a Romeo por el cuello).* ... ¡¡¡tan feo, tan horrible, tan malo, tan asqueroso....

JULIETA: Don Efluvio, por favor-

FLAMINIO: *(Furioso).* ¡¡¡Me llamo Flaminio!!!

JULIETA: Se lo ruego, no le diga nada a mi papá, ¡¡¡me va a matar, me va a matar, don Florius!!!

FLAMINIO: (*Rabioso, con una risa diabólica).* ¡Si, te matará a ti y luego matará a Romeo y a todos los Montesco y luego se matará a sí mismo y después, yo, Flaminio Flautero Flechas, seré el capo de los Capuleto y de los Montesco y de todas las familias en esta ciudad y en este país y en el-

CLIENTA 3: (*Interrumpiendo a Flaminio).* Oiga, disculpe la molestia, es que estoy buscando la mermelada de fresa.

FLAMINIO: ¿La qué? Señora, hágame un favor, ¿no ve usted que estoy tratando de salvar la honra de nuestro pueblo?

CLIENTA 3: Sí, señor, claro, por supuesto, todo lo que usted quiera, lo que pasa es que no encuentro la mermelada de fresa.

FLAMINIO: *(Explotando y hablando cada vez más fuerte).* ¿Y dónde diantres cree usted que puede estar la mermelada de fresa, eh? ¿¡Debajo del arroz?! ¡¿Entre las patatas?! ¿¿Detrás de la mostaza?? ¿¿¿¡¡¡Al lado del tomate frito!!!??? ¿¿¿¡¡¡Usted cree que yo soy el gerente de este maldito supermercado???!!!

(Empieza a toser).

ALTAVOZ: Estimado cliente: ¿dolor de garganta?, ¿tos? Visite nuestro departamento de droguería. Todo para la garganta.

(Flaminio se retoma, arreglándose el bigote). Hmm hmm... Mire, señora, la mermelada de fresa está allí, al lado de la mermelada de cereza.

CLIENTA 3: Muchas gracias, señor, muy amable.

FLAMINIO: Bueno, volvamos a lo nuestro. ¿Por dónde íbamos? ¡Ah claro! *(Agarra a Julieta por la nuca como si fuera un gatito)*. Yo seré el jefe de los...

JULIETA: *(Gritando desesperadamente)*. ¡¡¡No, por favor, Don Flátulo!!! (*Mirando alrededor.*) ¡¡¡Socorro!!! ¡¡¡Socorro!!!

(Desde detrás de un estante, aparece Súperman, con una pistola en la mano).

SÚPERMAN: ¡Alto ahí! Flaminio, suelte a esa muchacha ahora mismo.

FLAMINIO: ¿Y usted quién se cree que es para hablarme así?

SÚPERMAN: ¿No sabe quién soy?

FLAMINIO: Ni idea.

SÚPERMAN: ¿Ni idea?

FLAMINIO: Ni la menor idea.

SÚPERMAN: ¿Ni la más remota idea?

FLAMINIO: Ni la más remota idea. Yo no leo cómics. Oiga, esto, ¿qué es? ¿Una broma? ¿Un programa de cámara oculta? ¿Un *reality*?

SÚPERMAN: No es un *reality*, es la pura realidad. Ahora, venga aquí. Gírese. Así.

(Súperman saca una cuerda y ata las manos de Flaminio. Después, coge el chal que llevaba Julieta y amordaza a Flaminio. Luego, coge la cesta que llevaba Julieta, saca los productos y se los da Julieta; luego, pone la cesta en el suelo y le indica a Flaminio que se siente dentro de ella). Siéntese allí y cállese.

ALTAVOZ: Estimados clientes, hoy les ofrecemos mostaza de la mejor marca con un descuento del 25%. Aproveche esta oportunidad.

FLAMINIO: (*Amordazado)*. Bua... buo... bue... bua...

SÚPERMAN: ¡Siéntese y cállese!

JULIETA: ¡Súperman! ¡Gracias! Usted nos ha salvado de este malvado.

ROMEO: Pero, Súperman, ¿qué hace usted en el supermercado?

SÚPERMAN: Bueno, verás, el caso es que-

CLIENTA 1: *(Dirigiéndose a Súperman).* Disculpe, caballero, a ver si usted me puede ayudar, es que necesito papel higiénico pero está allí arriba y no llego...

SÚPERMAN: *(Se acerca al estante y mira los distintos paquetes).* ¿Cuál quiere, señora? El *extrafuerte* o el *superfuerte*?

FLAMINIO: Bua... buo... bue... bua...

CLIENTAA 1: ¿Cómo?

SÚPERMAN: Que si quiere el extrafuerte o el superfuerte.

CLIENTAA 1: *(Con la mano detrás de la oreja).* ¿Que si tengo suerte?

SÚPERMAN: No, que ¿cuál quiere? ¿Este o este?

CLIENTA 1: ¿Y usted qué opina?

SÚPERMAN: ¿Yo? ¿De qué?

CLIENTE 2: *(Acercándose).* Yo le recomendaría el extrafuerte, señora. *(A Súperman).* ¿No le parece, caballero, que es el mejor?

FLAMINIO: Bua... buo... bue... bua...

SÚPERMAN: Pues, yo, la verdad, de estas cosas no tengo ni la menor idea.

CLIENTE 2: Ya sé que no es asunto mío, pero le recomiendo el extrafuerte. Sin duda alguna.

CLIENTA 1: *(A Súperman).* Bueno, si usted no tiene inconveniente...

SÚPERMAN: No, no, no, en absoluto. Aquí tiene, señora. *(Le alcanza el paquete de papel higiénico).*

CLIENTA 1: Muchas gracias, señor.

Súperman: De nada. *(Dirigiéndose otra vez a Julieta y Romeo).* Bueno, como le decía, en fin, estaba en casa y veía que no había nada en la nevera, así que pensé: me voy a dar una vuelta por el súper.

Flaminio: Bua... buo... bue... bua...

(Súperman le da un golpecito en la cabeza).

Súperman: ¿Cómo dices, amigo?

Flaminio: ¡Buebo buabua! ¡Buebo buabua!

Súperman: ¡Ah! ¿Quieres agua? ¡Haberlo dicho, jajaja! *(Coge una botella de agua de un estante, la abre y vierte el contenido sobre la cabeza de Flaminio.)*

Flaminio: *(Llorando).* Ba Bo buebo buabua... Ba Bo buebo buabua...

Súperman: ¿Y ahora qué está diciendo?

Romeo: Me da la impresión de que ya no quiere agua.

Súperman: Primero quiere agua, después no quiere agua... hay que ver cómo es la gente aquí abajo...

(En ese momento, entra Don Corleone, acompañado de sus dos guardaespaldas. Los tres clientes muestran exageradas señales de miedo. Romeo intenta esconderse detrás de un estante, pero los guardaespaldas lo retienen).

Clienta 1: Buenas tardes, Don Corleone.

Cliente 2: ¿Cómo está usted, Don Corleone?

Clienta 3: Dichosos los ojos, Don Corleone...

Julieta: ¡Papi! *(Corre a abrazarlo).*

Corleone: No sabía que estabas aquí, hija. ¿Te envió tu madre?

Julieta: *(Titubeando).* No, papi, es decir, sí, papi, es decir que... *(Pausa).*

Corleone: ¿Es decir qué, hija?

Julieta: Nada, papi, no tiene importancia, sólo que-S

Corleone: *(Fijándose en Flaminio).* Pero, ¿éste no es nuestro ilustre vecino Flautero? ¿Qué estás haciendo allí, Flupius?

Flaminio: ¡Bo be babo bubius!

CORLEONE: No estarás participando en algún programas de televisión, ¿verdad? ¿De esos de cámara oculta? *(Los guardaespaldas sacan sus pistolas e inspeccionan el lugar en busca de cámaras).* Te conozco, Flautero, te conozco, estás más loco que una cabra.

FLAMINIO: ¡Babúbabe Bo Bobeobe! ¡Babúbabe Bo Bobeobe!

CORLEONE: *(A sus guardaespaldas).* ¿Qué está diciendo este hombre? ¿Vosotros le entendéis?

GUARDAESPALDAS: No, Don Corleone, no lo hemos entendido.

CORLEONE: ¿Qué? ¿No lo habéis entendido? ¡Qué necios sois!

GUARDAESPALDAS: Sí, Don Corleone.

CORLEONE: ¡Incompetentes!

GUARDAESPALDAS: Sí, Don Corleone.

CORLEONE: ¡Simplotes!

GUARDAESPALDAS: Sí, Don Corleone.

CORLEONE: Escuchad, trincapiñones, que yo os voy a aclarar qué es lo que decía este hombre. Decía: "Dichosos los ojos que lo ven, Don Corleone, vecino querido, amado libertador, ilustre salvador....

(A uno de los guardaespaldas). ¡Quítale ese trapo! A ver, Flátulus, ¡levántate!

FLAMINIO: *(Levantándose y frotándose las nalgas).* Ay... cómo me duele el culo... *(Tapándose la boca con una mano).* ¡Huy! ¡Disculpe, señorita Julieta!

CORLEONE: ¿No te da vergüenza, Flanini? ¿Qué manera de hacer compras es ésta? ¿Desde cuando nos sentamos en la cesta con la boca tapada?

FLAMINIO: Pero... Es que... Don Corleone... verá... es que-

CORLEONE: ¡Cállate, *Fledermaus*! No puedo permitir que mis vecinos se comporten de esta manera. ¿Sabe tu mujer de esta extraña afición tuya? *(Dirigiéndose a uno de los guardaespaldas).* Lleva a este hombre a su casa y entrégaselo a su mujer.

FLAMINIO: *(Con mucho miedo).* No, Don Corleone, por favor, le suplico...

CORLEONE: *(A Flaminio).* ¡Cobarde! ¡Miserable! *(Al guardaespaldas).* ¡Llévatelo!

(El guardaespaldas agarra a Flaminio de mala manera y se lo lleva).

JULIETA: Gracias, papi, ¡Don Efluvio se estaba portando horrible!

CORLEONE: ¿Efluvio? Se llama Flaminio, hija mía, qué asco de nombre.... en fin, hija, dime una cosa, ¿conseguiste la mermelada de fresa que te encargó tu madre?

JULIETA: Sí, papi, mire. *(Enseña la mermelada que acaba de volver a meter en la cesta).*

CORLEONE: *(Mirando detenidamente a Romeo pero dirigiéndose a Julieta).* Y, dime una cosa, ¿este joven es amigo tuyo?

JULIETA: No, papi, quiero decir, sí, papi, este es-

ROMEO: *(Haciendo un reverencia a la antigua usanza).* Romeo Julián Vicente García Heredia de la Fuente Manzano, para servirle.

CORLEONE: *(Exageradamente reflexivo).* Así que... un García, ¿no? Ese apellido me suena.... *(A Julieta).* Escucha, hija, ven un momento aquí....

(La coge del brazo y la lleva a un lugar apartado de los demás).

(Hablando en tono confidencial). Oye, es guapo este mozo, ¿eh? ¿No te parece? Guapo. *(Pausa).* Alto. *(Pausa).* Sano. *(Pausa).* Inteligente. *(Pausa).* En una palabra: un buen partido. ¿Tú qué dices? ¿Te gusta? ¿Lo quieres como marido? ¿Quieres que hable con sus padres?

JULIETA: *(A punto de desmayarse).* No, papi.... Quiero decir- sí, papi, ¡sí!

CORLEONE: Dicho y hecho. *(Dirigiéndose a Romeo).* Bueno, joven, ya lo sabes, si no tienes nada que hacer el próximo sábado, te casas con mi hija. Por cierto, te espero para la cena para que conozcas a tu suegra. *(A Julieta).* Hija, no tardes demasiado, tu madre debe estar esperando con la comida.

JULIETA: Sí, papi, voy enseguida.

CORLEONE: *(Al salir, dirigiéndose a Súperman y dándole un toquecito paternalista en el pecho).* Oiga, joven, me gusta su traje. Por cierto, su cara me suena. ¿Usted trabaja en televisión? *(Hace mutis, seguido del guardaespaldas).*

(Julieta corre a abrazar a Romeo).

JULIETA: ¿Has oído, mi amor? Ahora ya tenemos permiso para-...

ROMEO: Sí, mi amor, y todo gracias a Flaminio.

JULIETA: Y gracias a Súperman. ¡Gracias, Súperman!

(Julieta y Romeo abrazan a Súperman. Luego, hacen mutis, abrazados).

CLIENTA 1: *(Acercándose a Súperman).* Oiga, caballero, estoy buscando-

SÚPERMAN: *(Interrumpiéndola).* Si está buscando la mermelada de fresa, señora: ¡Se acabó! ¡Ja ja ja ja ja ja ja ja!

(Súperman hace mutis, riéndose a carcajadas. Los tres clientes siguen dando vueltas por el supermercado. Al empezar el altavoz, ponen mucha atención).

ALTAVOZ: Estimados clientes, en nuestro supermercado usted encontrará el surtido más amplio de todos aquellos productos que usted necesita a diario. Esta semana, papel higiénico extra fuerte, tamaño familiar, dos rollos gratis. Y la sensacional oferta del día: por la compra de dos mermeladas de cualquier sabor, ¡le regalamos un frasco de mermelada de fresa!

(Los tres clientes empiezan a llenar como locos sus cestas de frascos de mermelada y salen corriendo en dirección de las cajas).

TELÓN